智元微库
OPEN MIND

成 长 也 是 一 种 美 好

掌控精力

不疲惫的身心管理术

张遇升◎著

人民邮电出版社

北京

图书在版编目（ＣＩＰ）数据

掌控精力：不疲惫的身心管理术 / 张遇升著. --
北京 ：人民邮电出版社，2019.11
ISBN 978-7-115-52221-4

Ⅰ．①掌… Ⅱ．①张… Ⅲ．①自我管理－通俗读物
Ⅳ．①C912.1-49

中国版本图书馆CIP数据核字(2019)第214529号

◆ 著　张遇升
　　责任编辑　王振杰
　　责任印制　周昇亮
◆人民邮电出版社出版发行　　北京市丰台区成寿寺路 11 号
　邮编 100164　　电子邮件 315@ptpress.com.cn
　网址 http://www.ptpress.com.cn
天津千鹤文化传播有限公司印刷
◆ 开本：880×1230　1/32
　印张：6.375　　　　　　　　　2019 年 11 月第 1 版
　字数：100 千字　　　　　2025 年 10 月天津第 10 次印刷

定　价：49.00 元

读者服务热线：（010）67630125　印装质量热线：（010）81055316
反盗版热线：（010）81055315

张遇升老师的这本《掌控精力》透露了一个大秘密：表面看，人人在时间面前都是平等的，但本质上，我们可以通过"精力管理"的方法制造时间使用效率的不平等。这是一本让你赢得从容的书。

——罗振宇

罗辑思维创始人

世界上可能有许多人跟我一样，天生精力水平并不高，但是需要应对那些对精力水平有极高要求的工作，比如创业、育儿、带团队。因此，我们必须把自己的精力当作一项最重要的资源来管理。关于管理精力，看这一本书就够了。

——脱不花

罗辑思维联合创始人

要成事，就先要管理好自己。张遇升的《掌控精力》让你从拥有一个好的状态开始。

——冯　唐

诗人、医疗投资人

追求成功与幸福是每个人的人生目标，更是一种生活态度与能力。《掌控精力》通过精力构成金字塔模型，阐述了获得旺盛精力的理论基础、逻辑关系与练习途径。更难得的是，它启迪与激励我们：只有知晓生命的意义，明确目标与科学行动，我们才能积极乐观地体会生命的意义，知晓"一个人对这个世界最大的贡献是让自己幸福起来"的寓意。

——罗　旭

纷享销客创始人

管理好精力，才能享受人生

2011年夏天，真格基金在北京举办了针对海外人才的创业大会。我在那次项目路演上认识了遇升。那个时候，他刚从约翰·霍普金斯大学毕业不久，在美国一家大公司工作。可能是受到国内火热的创业氛围的感召，他那一年回到北京，创办了杏树林。真格基金也在A轮投资了杏树林。遇升带领杏树林一路走来，一直到C轮，公司不断发展壮大。每次跟遇升见面，我不但会跟他讨论公司的发展，还会聊很多健康管理的话题。因为他的背景，我一直把他当做自己信任的健康顾问。后来他与"得到"合作，在上面讲授精力管理的课程，获得很多人的欢迎，我才知道他在这个领域有这么多的积累和思考。这次他能将课程精华集结成书，我特别愿意向大家推荐，希望他的方法能帮到更多的人。

为什么要管理自己的精力呢？

我参与创办新东方教育集团，创立真格基金，投资了很多年轻的创业者。看着这些创业者的成长，我深深地感到：任何持久的成功、人生的幸福，都需要从好好管理自身做起，包括管理身体（body）、头脑（mind）和心灵（spirit）3个层面。《创业维艰：如何完成比难更难的事》的作者、硅谷著名企业家和投资人本·霍洛维茨（Ben Horowitz）认为，创业的正确顺序是，照顾好自己和团队，照顾好产品，最后才能照顾好客户。这说的也是这个道理。

拿创业来说，创业是一件极难的事，成功概率很低。创业者需要长期付出超出常人的努力，承担巨大的压力。我见过很多人在创业中途因为身体和心力的原因退出赛场，甚至因为疾病过早离世，让人深感惋惜。在这个旅程中，如何精力充沛地跑完全场，带着自豪走过终点线，还能在过程中有兴致欣赏绝佳的美景，是每个人都应该修炼的能力。我觉得张遇升博士的这本书，给出了答案——通过持续不断的精力管理，在体能、情绪、专注力和意义感4个方面刻意练习、自我提升。

实际上，事业和创业的成功也不是创业者的全部。我希望他们都能拥有健康、幸福、美满的生活。创业的成功不应该以身体和家庭的牺牲为代价。虽然工作与生活的平衡对于创业者来说是一个奢侈品，"996工作制"甚至"711工作制"是他们的常态，但我相信，科学地规划自己的时间，时时感知并调整自己的状态，见缝插针地提升每时每刻的精力水平，是实现工作与生活平衡的法门。

当然，我也知道，如何把书里的理论运用到每天的生活中，形成自身的习惯，是最困难的事。人们感叹明白了很多道理，还是过不好这一生。我很高兴地看到，这本书不仅有丰富的理论，还有很多可落地执行的细节，包括晨间7件事、睡前7件事。我听说遇升给自己的女儿取名叫"知行"，估计他也知道"知行合一"不容易吧！

希望更多的人了解、学习和践行精力管理。希望更多的人享受健康、成功和幸福的人生。

徐小平

真格基金创始人

新东方联合创始人

高效管理精力，实现"人生再出发"

我怀着非常兴奋的心情，阅读了张遇升博士撰写的这本书。我觉得我们太需要这样一本有理论、有实践，可读性和可信度俱高的精力管理书了！

高效管理我们的精力，就是高效管理我们的能量，就是高效管理我们的人生。

环顾左右，究竟有多少人可以做到像张遇升博士说的那样，每一天都过得精力充沛？其实，人生的成功和圆满，莫过于每天起床时都精力充沛，都期待着新的一天的开始，期待着新的一天要经历的一切！

不管昨天发生了什么，不管昨天世界对我怎样，我都将充满期待，信心满满且精力充沛地开始新的一天！而要做到这一点，在张博士看来，需要我们从身体、情绪、注意力、意义感等多方面进行持续修炼。

不管我们此时此刻是感觉良好、精力充沛，还是迷茫、焦虑、易怒、感觉虚弱、缺乏好奇心、丧失韧性和斗志、注意力和记忆力明显衰退，并且缺乏继续拼搏下去的勇气，等等，我们都有可能从今天开始，像张博士一样从启动"早上七件事"开始，慢慢影响自己的整个身体、心理和灵魂，告诉自己来一个"人生再出发"！

这样的"人生再出发"，需要引导和教练。而张博士在精力管理方面的现身说法、理论和实践，将通过这本旁征博引的书，给大家带来重要的健康启示和参考。

一个人若能做到像张博士所说的那样，每一天都过得精力充沛，那就绝对不只是身体好、家庭棒、赚钱多、事业有成这样的小目标了。

这样的人，一定在人生的很多方面都修炼并精进到了相当高的境界。他们不仅看清了这个世界，还成功地找到了与自己以及世界和解的路径，并找到了自己的人生使命。

这难道不是人生的美好境界吗？

陈　玮

北京大学汇丰商学院管理实践教授

创新创业中心主任

改善个人精力，激发组织能量

2018年春夏，我分别代表CHO100[①]和HRA[②]，两次邀请张遇升博士在大型论坛上做题为"精力管理——健康工作50年"的演讲。这两次演讲均获得了热烈的掌声，与会者好评如潮。在此之前，我听过他在"得到"上所做的关于精力管理的讲座，也和他有过几次当面交流，感觉非常受益。

我为什么要请他来做给企业高管讲座呢？原因有两个方面。

一是改善个人精力的需要。

大部分人到了中年，常常会感到精力和体能大不如前，工作和生活的重压常常使人夜不能寐、食不甘味、力不从心，甚至有

---

① CHO100，全称为Chief Human Resource Officer 100，即中国首席人力资源官100人，成立于2017年，是由北京大学国家发展研究院陈春花教授倡议并联合发起的公益性组织，成员由中国知名企业或优秀的人力资源负责人组成，旨在促进相互学习和交流、提升中国的人力资源管理水平。

② HRA，全称为Human Resource Association for Chinese & Foreign Enterprises，即北京中外企业人力资源协会，成立于1996年，是在民政部门注册的一家法人社团，在中国人力资源管理领域具有领先性、专业性和权威性。

时会产生身心俱疲的感觉。我自己无论是在跨国咨询公司里做顾问，还是做企业高管，抑或做一个个体贡献者，在压力之下也会产生这样的感受。反观榜样如医生钟南山、企业家王石，他们虽然压力很大，但仍能精力充沛、体态轻盈，工作、家庭、健身、学习、社交、公益样样不落。所以，一个人的精力和体能固然会受到年龄和工作压力的影响，但这种影响不是不可消除的。关键是，当你意识到存在这种影响的时候，你要能够下决心改变，找到一套简便易行的方法，在实际操作的时候让自己尝到甜头并长期坚持下来。

张博士曾在中外顶尖的医学机构就读和实习，专攻医学和公共健康管理，再加上自己的实践，所写内容能让我们这些门外汉不但知其然，还知其所以然。他所讲的改善体能、纾解情绪、增强注意力和使命感的方法，读起来有趣，学起来容易，练起来见效，有助于读者"心不累、事有成"。我实践下来颇觉有用，也特别愿意分享给周边的朋友。

二是改善组织活力、激发组织能量的需要。

身心健康、精力旺盛的人，容易营造出和谐的氛围，创造出完美的作品，带给客户美好的体验。努力打造幸福企业，让每一个个体高效工作、发挥应有的价值，促进人与人之间和谐共生，已被越来越多的首席人力资源官视为自己的职责和追求。这也是保持组织活力和组织能量的重要因素。

在组织中，精力充沛、情绪饱满的人富有感染力。体力（体能）、心力（意愿）、脑力（专注度），越来越成为选拔高潜力者的评价指标。对所承担的工作富有使命感、意义感，对要学习的科目或所从事的工作能集中精力、心无旁骛，是优秀员工区别于普通员工的显著特征，也是各级主管和人力资源经理在员工激励方面应努力达成的目标。

总而言之，本书让我对首席人力资源官有了新的认识，即首席人力资源官不仅要关注人力资源，还要力争成为企业里的首席幸福官（Chief Happiness Officer）和首席健康官（Chief Health Officer）。

吕守升

HRA会长

CHO100联合发起人、常务理事

亚信科技公司高级副总裁兼首席人力官

让每一天过得精力充沛

现代人的两难

当前，经济增长，科技创新，文化昌盛，每个人能享用的产品和服务、所拥有的财富、能自由支配的时间，是从前的无数倍。但是，每个个体的感受不一定会随着时代的发展和科技的进步而变得更好。更多的食物可能会让人身体变得肥胖、患上各种各样的慢性病；更轻松的工作可能会让人肌肉萎缩、关节退化；随手可得的信息可能会分散人的注意力，让人失去生活的焦点；太多的选择可能会让人忘了自己的人生目标是什么、应该坚持什么、应该放弃什么。

时代的发展不一定会给人带来幸福。这是为什么呢？

我们可以借用万维钢老师的一句话来解释。这句话就是："你有你的计划，而世界另有计划。"在数百万年中，人的身体和大脑都在为"生存"这一个目标而进化。为了活下来，人体形成了一套特定的运行规律。比如，很多人看到甜食就忍不住多吃两口，这与人的基因有关。基因决定了人嗜糖如命，想尽可能多地摄入葡萄糖，以避免将来饿肚子。另外，很多人看见手机屏幕上的未读信息就想点开，这与人类祖先必须注意身边一切的风吹草动以避免猛兽的袭击有关。又比如，大多数人对于不确定的事容易感到担心和焦虑，很难专注于当下，这与细心的人在进化过程中更能抵御风险、更容易生存下来有关。

人类为了生存而保留下来的优势，在如今这个时代反而可能变成劣势。

从少生病到感觉好

我因为小时候身体不好，所以考大学的时候报考了北京协和医学院。我在北京协和医学院学了8年医学，获得了医学博士学位，还在美国哈佛大学医学院附属医院实习了几个月，见过很多疑难杂症。我逐渐意识到，在诊断和治疗疾病方面，现代医学已经取得了极大的成就；但是，对于如何让人的身体更健康、心情更快乐、精力更充沛，现代医学能给出的解决方案却不多。打个比方，现代医学的发展就好像是这样的过程：拼命地从池塘里打捞失足落水的病人，却对朝池塘涌过来的密密麻麻的人群视而不见。

我一直在思考这样一个问题：人怎样才能活得更健康，每天都精力充沛并感到充实快乐？

从北京协和医学院毕业后，我在美国一所著名的医学院和公共卫生学院——约翰·霍普金斯大学医学院学习了公共卫生专业的研究生课程，希望能从人群和行为的角度回答这个问题。在美国，我接触了"精力管理"这个概念，系统地学习了相关的理论，并且在接下来的十多年里不断地实践它。在这个过程中，我感觉到发生在自己身上的巨大改变：上大学时，我是一个体重170斤[①]的、患有慢性病的胖子，而现在的我身体壮实、精力充沛。相比几年前甚至20多岁的时候，现在我的精力状况大有改善。我自己创办的公司已经发展到了C轮融资阶段；除了创业者这一身份，我还是"得到"平台4门课的讲师，也是两个女儿的父亲。2018年6月，在"得到"平台上，我第一次将精力管理课程分享给学员们。迄今为止，超过14万人学习了该课程。很多同学对于这门课程的留言让我相信：很多人需要精力管理的相关知识，需要养成正确地生产和使用精力的习惯。精力管理的知识也一定能帮助很多人！

为什么需要管理自己的精力

本书讲的是如何管理精力。在讲怎么做之前，我想给你讲讲

---

① 1斤=0.5千克。

为什么要做这件事。

每个人都有三种资产：一是财富，二是时间，三是精力。只要你合理、高效地利用这三种资产，它们就会为你的人生增值。没有人会怀疑财富管理的重要性。让自己的财富保值和增值，享受财务自由，是很多人一辈子的追求。也没有人会怀疑时间管理的重要性。时间管理包括延长总时间（寿命），以及时间的分配。而精力管理要解决的是，在同样的时间内，如何让自己的状态更好。财富可以被继承和被转移，但时间和精力不行；如果你不管理时间和精力，也不会有人替你做。人只有管理好了这三种资产，才能过上幸福的生活。

在我看来，精力管理不但能让你的状态更好，还能够给你带来三个副产品：健康、快乐和意义感。

因为管理精力的过程，不仅是按照身体的需要，通过一个系统化的方法来改善体能、获得健康的过程，也是通过刻意练习来塑造大脑的正向通路，从而让人获得快乐、积极的情绪的过程；还是通过寻找和确认自身的使命，从而获得人生的意义感的过程。

如果你也在追求健康、快乐和有意义的人生，那么我欢迎你一起来学习精力管理的知识！

目　录

001
第1部分
为什么你总是很累

我们每个人都像一辆汽车，我们的人生就像一场拉力赛。在这场拉力赛中，时间管理相当于对我们每天的比赛日程进行安排，而精力管理相当于通过各种方式全面提升汽车的运行状态。

037

第2部分

身不累

下面这3种方法都是我自己通过实践证明有效的，能够让你在繁忙的工作中养成随时随地运动的习惯。方法一，找到适合自己的运动项目；方法二，设定具体的目标并建立反馈机制；方法三，学会利用碎片时间见缝插针地进行运动。

第3章　健身：
　　　适量运动，让你活力四射　　39

117

第3部分

心不累

要想让有限的精力产出最大化，最关键的一项技能就是把注意力聚焦在重要的事情上，心无杂念地把精力用在能产生最大产出的事情上。

目 录

为什么你总是很累

我们每个人都像一辆汽车，我们的人生就像一场拉力赛。在这场拉力赛中，时间管理相当于对我们每天的比赛日程进行安排，而精力管理相当于通过各种方式全面提升汽车的运行状态。

第1章

要管理精力，而不仅是时间

管理精力而非时间，才是高效表现的基础。

——吉姆·洛尔（Jim Loehr）博士，世界著名心理学家

在瞬息万变的信息化时代，我们每天都在迎接不同的挑战和变化，这让我们应接不暇。信息爆炸、精力透支，直接导致人们患上各种身心疾病，甚至出现人际关系紧张的状况。大数据和人工智能的发展让我们感到：生活已经足够便捷，如果我们想要购买某件东西，轻点鼠标就能完成购买流程。我们的物质生活越来越丰富多彩，可是我们的精神却时常陷入空虚和焦虑的状态。我们在享受科技进步的同时，似乎也正在失去一些东西。

让我们回想一下一天的生活。

清晨，闹钟响了无数次，又被关掉无数次。还未清醒、感到困倦的你，听到闹铃的唯一念头就是还想多睡一会儿。然而，想想银行卡里的余额，你极不情愿地从床上爬起来，匆忙洗漱整理后，带着黑眼圈儿、硬着头皮赶公交车和地铁。别人不知道的是，你头天晚上为了赶一个方案，熬夜工作到凌晨。

下班后，你拖着疲惫的身躯回到家中，孩子的打闹又让你无力应对。曾经，孩子是你的开心果；而今天，你似乎没有足够的精力兼顾工作和家庭。

在各个搜索引擎中搜索"我为什么睡不醒"或"我为什么总觉得累"之类的内容，你会发现海量的相关内容。这从侧面说明，如何缓解疲劳已经成为很多人的难题，并且亟待解决。

你正面临精力危机

你是否经常感到心有余而力不足，想干却干不动了？你是否白天容易犯困，晚上又睡不好？你是否觉得精力没有以前好，但是在事业和家庭上却需要投入越来越多的精力？你是否经常羡慕有的同事仿佛拥有三头六臂和无穷的精力，能同时做好很多事情？

某大型企业曾就员工的生活状态展开调查。在给出的15项生活状态中，有3项生活状态占比最高，分别是："与家人相处不够""没时间留给业余爱好""很少感激他人或庆祝"（见图1-1）。

这恐怕是对快节奏的都市中众多普通白领的生活状态的真实写照。这些人为什么会出现以上3种生活状态呢？原因是他们能力不足、无法胜任，还是情绪不佳、效率低下？答案并没有这么简单。

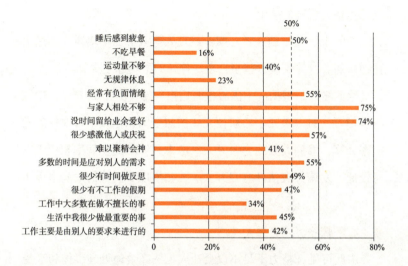

图1-1　某企业员工的生活状态调查

美国精力管理专家托尼·施瓦茨（Tony Schwartz）曾经在一次面向一家大银行160位高管的演讲中，做过一项关于"精力审核"的调查。调查结果如下。

- 77%的人表示，自己很难一次只做一件事情，很容易分心。
- 80%的人表示，自己很少把时间花在思考战略性和创造性的事物上，而是把大量的时间都花在了处理即时需求上。
- 54%的人表示，自己常常会在工作中感到不耐烦、受挫或暴躁，特别是在力不从心的时候更会如此。

由此可见，即使是经验丰富的高管也会面临如此多的困扰。你是不是对这样的结果感到惊奇？上述调查结果让我们不得不重新思考精力管理的价值。

近年来，关于创业者、职业经理人等人群因不堪重压而患上精神疾病、身体疾病，甚至自杀、猝死的案例并不少见。

除此之外，根据《中国心血管病报告2017》[1]，2015年，中国约有73万～91万人死于心肌梗死（按照全国13亿人，以农村的发病率计算，发病人数约为91万人。考虑到城市的发病率相较于农村较低，发病人数估计有73万人），45岁以下人群的发病率逐年上升。巨大的压力[2]、急剧的情绪变化[3]（如愤怒）导致心源性猝死（心脏骤停）风险加大。

由此可见，精力不足不仅会让人无法高效地处理工作和享受生活，还会严重威胁身心健康。因此，如何让自己的精力水平跟上工作和生活的节奏，是我们每一个人都迫切需要解决的问题。

掌握科学规律，成为精力旺盛的人

精力，顾名思义，就是人的精神和体力。我们也可以把它定义为做事、应对任务的能力。

"精力"一词源于《汉书·匡衡传》中的一句话："父世农夫，至衡好学，家贫，庸作以供资用，尤精力过绝人。"这句话的意思是，匡家世代务农，但匡衡却十分好学、非常勤奋；由于家境贫寒，他不得不通过给人做帮工以获取学费。由此可见，匡衡是精力旺盛之人。他白天帮人种田，没时间看书，到了晚上还要去借邻居家的烛光来读书。正因为从小刻苦学习，匡衡后来才成为西汉的丞相，并因为"凿壁偷光"的苦读事迹成为后人的榜样。

在现实生活中，精力旺盛的人的状态究竟是怎样的呢？你可能接触过以下这种状态的人，或者你自己就是这样的人。

- 每天总是精神焕发，目光如炬，走起路来健步如飞。
- 做起事来聚精会神，效率过人，事业发展非常顺利。
- 心态乐观豁达，遇到困难也不焦虑。

这种类型的人，一般在职场中要么是领导，要么是能手。我们管理精力的目标，就是让自己成为这样的人。

那么，精力旺盛是不是一种天分？答案很明显，不是！

我以前并非精力旺盛的人，但是通过管理精力，我达到了现在精力旺盛的状态。所以，精力管理是一种科学的方法；每个人都可以通过学习这种方法，养成自己的习惯，使自己成为精力旺盛的职场能手。这如同健身，如果你熟悉人体的肌肉结构，运用科学的训练方法并坚持锻炼，就能够让自己的身体越来越强壮。你所要做的，就是了解和掌握科学的规律，并且坚持练习和运用它。

经过科学系统的训练，
我也能"跳着踢踏舞去上班"了

2008年，我从北京协和医学院获得博士学位后，又去美国的约翰·霍普金斯大学读书。在一年半的时间里，我获得了两个硕士学位：公共卫生硕士学位和工商管理硕士学位。

在美国求学期间，为了不给家里增加负担，我每周要花一天的时间做兼职以赚取生活费，所以压力非常大。我每天除了睡觉，几乎将剩余的所有时间都用在学习上，却常常觉得力不从心。

我自认为已经非常用功，但是在美国的那段时间仍常觉得力有未逮。

当时，我们班上有一位姓黄的同学，他年过四十，是我们班成绩最好的学生，同时还远程地从事新加坡的全职工作。他当时负责整个新加坡军队急救系统的工作，有两百多名下属，工作十分繁忙。

更让我惊讶的是，有一次我到他的家里做客，发现他还有三个女儿。当时，他最小的女儿才刚出生，所以他还要花很多时间和太太一起照顾三个女儿。

对此，我简直无地自容。于是我向他请教："读书、工作和照顾孩子，这三件事情在我看来都是全职的工作，你是怎么做到兼顾这三件事而不疲劳的？"

听完问题后，他认认真真地问了我很多细节，包括每日饮食、每日的工作与学习安排、业余时间的安排、睡前安排等。

听完我的回答之后，他对我说："兄弟，我给你介绍一个方法，这个方法叫作精力管理。打个比方，你现在的状态非常像打篮球的业余球员的状态。虽然你的自我感觉还可以，但是你没有章法，而且你没有经过科学系统的训练。而我自己的状态非常像NBA①的职业球员的状态。在新加坡，因为人少、地少，所以我们非常重视个人能力的提升，力求把个人的潜能发挥到极致。从入伍的第一天开始，我们就会接受精力管理的训练。"

跟他聊完之后，我恍然大悟：原来在精力和效率上，人与人可以有如此大的差别，而且精力管理能力居然是可以通过训练而提高的。

我当时的感觉就好像是找到了一根救命稻草，所以我很认真地按照黄同学教我的方法去练习，结果发现这个方法非常有用。

后来，我在约翰·霍普金斯大学的学习变得越来越轻松，我不但获得了全额奖学金，而且完成了两次铁人三项的比赛，毕业的时候我还代表我们班发表了毕业演讲。

2009年冬天，我毕业了。当时正值美国金融危机爆发、美国失业率居高不下之际，很多同学都找不到工作，而我居然是班上第一个拿到工作录用信的人。

---

① NBA是National Basketball Association的缩写，是北美的男子职业篮球组织，为美国四大职业体育联盟之一。——编者注

2011年年底，我选择回国创业。虽然越来越忙碌，但是我一直在坚持不懈地练习这个方法。

后来，我接触了精力管理领域的很多大师，并把自己学习的东西与他们的理论融会贯通，这让我现在能够很从容地应对压力和挑战。

比如，我现在每天早上起床后有七件必做的事。做完这七件事之后，我的身体、情绪和意识就会被完全调动起来。完成了这一热身过程，我才会出门。出门的时候，我的精神非常饱满，这种状态用巴菲特的话来说就是"跳着踢踏舞去上班"。

在每天工作的大部分时间里，我都能够快速地进入心流状态[4]，聚焦在重要的事情上。和家人、朋友在一起的时候，我也能够全情投入、认真享受。

每天晚上睡觉之前，我还要做七件事。做完之后，我就会睡一个好觉，快速地补充能量。

每天白天，我还有好几次短暂的休息，比如冥想（meditation）、散步、高强度间歇训练（High-Intensity Interval Training, HIIT），以此补充自己的精力。

📖 延伸阅读1-1

1. 冥想[5]

冥想是一种心性锻炼法，在瑜伽里经常被使用。冥想可以减轻人的压力。通过冥想，焦虑的人甚至抑郁症患者可以改善自身境况。冥想作为一种减轻压力和疼痛的方法，正在被越来越多地应用在临床上。

在生活中，我们可以借助冥想来思考自己与世界的关系，在一定的时间内处理、分析日常获得的各种信息，培养自己的注意力和洞察力，更高效地处理日常事务。

2. 高强度间歇训练

高强度间歇训练可用来练习心肺功能。这种特殊的训练方法一经问世，迅速风靡欧美大陆。

通过高强度间歇训练，人可以在短时间内消耗大量的脂肪和热量，这种方法非常受现代人的欢迎。通常，20分钟的高强度间歇训练比在跑步机上连续跑1小时还要有效，前者不仅让人达到了更好的健身效果，还节省了40分钟，让人在20分钟之内消耗大量的体力。高强度间歇训练法的具体做法是，在1分钟内不间断地进行高强度运动，然后用20秒休息，至少完成6个循环。

并不是所有的锻炼者都适合采用高强度间歇训练法。因为这种训练法的动作以全身跳跃、移动为主，所以事实上，体重较重、心肺功能较弱、力量较弱的人并不适合采用这种训练方法。如果这些人坚持进行高强度间歇训练，则可能导致运动损伤。

对于初级运动者，我建议先参加中低强度的运动，在心肺功能和肌肉力量有了一定程度的增强之后，再进行高强度间歇训练。

掌握方法，养成习惯，成为精力充沛、行动果决的人

医学研究发现[6]，成年人在30岁以后，精力水平就会逐年下降，这和我们大脑中海马体的变化有关。海马体的主要职能是帮助记忆及空间定位等。人在过了30岁之后，每年海马体的体积会萎缩0.5%，这也是很多人年龄渐长而记忆力不断衰退的原因。

但是，人在过了30岁之后，海马体的体积在不断地萎缩，学业、事业和家庭对个人的要求却在不断提高。

试问，在过去的3年中，外部环境对你的工作和学习的要求是更低了还是更高了？你的精力是越来越旺盛，还是越来越不足？

如果你发现自己的精力水平在不断下降，而事业对你要求的水平在不断上升，那么你很快就会遇到危机。如果不采取正确的行动，努力提高自己的精力水平，那么你永远也无法度过这一危机。

为了提高自己的效率，你可能听说或者尝试过各种各样的方法，比如GTD工作法、番茄工作法。

延伸阅读1-2

1.GTD工作法

GTD是Getting Things Done的缩写，意为"把事情做完"。GTD工作法是一种管理时间的方法。

GTD的核心理念可被概括为，必须记录要做的事，然后整理安排，并一一执行。该理念的重点在于清空大脑，然后按照设定的路线努力执行。GTD有5个核心原则：收集、整理、组织、回顾、执行。

2.番茄工作法

番茄工作法是一种时间管理方法，它简单易行，是由弗朗西斯科·西里洛（Francesco Cirillo）于1992年提出的，它比GTD工作法更微观。番茄工作法的具体步骤是：首先，选择一项待完成的工作，将一个番茄钟设为25分钟，在这25分钟内，你要专注地工作，中途不能做任何与该工作无关的事，直到番茄时钟响起；然后在纸上画一个"×"，休息5分钟，每完成4个番茄钟，你就可以多休息一会儿。善用番茄工作法，能帮助你极大地提高工作效率。

你可能发现，在实践上述方法后，你提高了自己的时间利用效率，但是时间不够用的问题好像并没有得到根本的解决。

为什么呢？

因为每个人每天所拥有的时间是恒定的，都是24小时。除去晚上睡觉的8小时，能够被我们自由支配的时间就只有16小时了。所以，时间能被管理的弹性非常小。

我们的目标不是将这16小时的时间延长到17小时，也不是通过时间管理尽可能地利用好每一分钟，而是改善我们在这16小时里的状态，让每分钟产生的效能增大。

我们每个人都像一辆汽车，我们的人生就像一场拉力赛。在这场拉力赛中，时间管理相当于对我们每天的比赛日程进行安排，而精力管理相当于通过各种方式全面提升汽车的运行状态。

如果你这辆车本身的状态就不好，经常出现爆胎、漏油、发动机动力不足的状况，那么你将很难取得这场拉力赛的胜利。

不知道你有没有遇到过下面这些情况，这些情况大部分是精力不足所导致的，也是本书想帮你解决的问题所在。

- 觉得自己的体力水平下降了，一天中很多时候都在犯困。
- 没法控制体重，出现了啤酒肚、脂肪肝。
- 想通过运动增添一点活力，但是总觉得工作太忙，没有时间。
- 每天都要接受考核，觉得工作压力太大，焦虑、失眠。
- 发现自己的注意力和自控力都下降了，有时想做点事情，但是刷一刷微信、玩一玩游戏，时间一下子就过去了。
- 有时候甚至觉得自己每天的生活被别人牵着走，疲于奔命，自己无法体会到快乐，甚至有时候觉得生活都没有意义了。

其实，只要你掌握方法、养成习惯，你就能不断地提高精力水平，进而成为精力充沛、行动果决的人。

学会精力管理，做出最优决策，告别疲于奔命

在国外，精力管理方法最早应用在职业运动员身上。比赛的输赢有时只差毫厘，所以，如何让运动员的状态更好并且尽可能保持这种状态，一直是竞技运动领域研究的主题。

很多人认为，决定顶尖运动员名次的是他们的技术。这并不全对，以顶尖的网球运动员为例，他们在网球场上击球的时间不到25%，把75%的时间用于等待、调整和做决策。顶尖网球运动员之间的技术其实差不多，所以在这25%的时间里，他们击球的表现差别不会太大，主要差别几乎全在另外75%的时间里。如何利用好这75%的时间，将自己的身体和心理调整到最佳状态，做出最优的决策，提前准备好位置，在击球的那一瞬间达到巅峰状态，这是精力管理领域研究的问题。

杏树林私人医生团队的运动康复顾问、北京体育大学的谢思源老师，与国家网球队合作了很长时间。他告诉我："运动员为了在比赛季达到最佳的竞技状态，需要在全年合理地安排训练和休息的节奏，包括饮食、康复、训练、休息和心理建设的节奏。"

2010年的温哥华冬奥会，由于此前加拿大国家队运用精力管理的原则，设立了一个叫作"独占鳌头"（Own the Podium）的计划，用来训练和管理运动员的体能、情绪以及高强度压力下的表现水平，结果加拿大在那一年冬奥会的金牌总数实现了历史性突破。

延伸阅读1-3

独占鳌头项目[7]

在2010年之前的历届冬奥会中，加拿大队从未现身金牌榜的前三名。而且，在1976年蒙特利尔夏奥会、1988年卡尔加里冬奥会，加拿大队身为东道主，竟然没有获得一块金牌！

因此，当2003年加拿大再次获得2010年冬奥会举办权时，在本土赛场上多得奖牌成为加拿大奥委会和加拿大一众体育组织的共同心愿！

2004年2月，加拿大13个冰雪运动协会和加拿大奥委会、加拿大残奥委会、加拿大文化遗产部体育署、卡尔加里奥运发展协会和温哥华冬奥组委会，在卡尔加里共同商定了参赛目标：要努力让加拿大在温哥华冬奥会上成为奖牌数领先的国家！

数月后，加拿大奥委会与独立咨询公司签约。加拿大1976年冬奥会速滑项目银牌获得者凯斯·阿琳格（Cathy Allinger）受命组织体育专家开展专题研究，分析现有体育项目的状况，探讨参赛目标的可行性，提出改革举措和资源保障方面的建议。

2005年1月，"独占鳌头战略2010"（Own the Podium 2010 Strategy）开始实施。为保持冬夏平衡，同年8月，针对夏季项目的"卓越之路商业计划"（Road to Excellence Business Plan）也正式发布。当年10月，为统一管理这两大计划，加拿大成立了专门机构（Podium Canada）。

2010年温哥华冬奥会上，加拿大队以14金7银5铜登顶。2014年索契冬奥会，加拿大队以10金10银5铜位居第三。2018年平昌冬奥会上，加拿大队再以11金8银10铜获得金牌榜季军。

2000年以后，强生公司旗下的人类行为表现研究所（Human Performance Institute, HPI）的运动心理学家詹姆斯·洛尔（James Loehr）、华盛顿大学的神经生物学家约翰·梅狄纳（John Medina）、人类潜能教练托尼·罗宾斯（Tony Robbins）等人分别从各自的研究领域出发，开始针对职场人士应用精力管理，在美国成立了精力管理学院（Energy Management Institute, EMI）等组织。

当然，这里面有两个重要的时代背景。

第一，很多世界500强公司都在不遗余力地寻找提高员工效率和创造性能力的方法。它们会在提高组织效率、培训以及IT系统上大笔投入。但后来发现，在员工的精力水平提升上进行投资是相当有效和必要的。

第二，因为互联网等新技术的出现，人类历史上出现了"指数型组织"，其成长速度和用户规模呈指数级增长。这些"指数型组织"包括谷歌、Facebook、腾讯、阿里等，其员工单人利润产出水平很高，所以这些企业很有动力帮助它们的员工成为各自领域的"冠军"。

很多著名的跨国公司、世界500强企业，比如谷歌、Facebook、强生等，内部都有精力管理的相关训练。以前我在美国工作时的老板，是一家世界50强企业的高级副总裁，公司就为他配备了精力管理教练。教练会定期和他见面，检查他的时间表和身心状态。

当然，精力管理的成效也很显著。世界顶尖商业期刊《哈佛商业评论》[8]在2007年发表过一篇名为《管理你的精力，而非时间》（*Manage Your Energy, Not Your Time*）的文章，介绍了一项关于美联银行员工精力管理情况的对照研究。研究显示，很多参加精力管理训练的人与没有参与的同事相比，销售业绩在一年内有20%的提升；71%的参与者感觉自己的客户关系显著改善，工作效率显著提高。研究者还发现，在项目结束后一年，这种差别还显著存在。后来，有研究发现，安永、索尼、德意志银行等公司的精力管理训练项目也有同样的效果。

测一测，你的精力够用吗

既然精力管理有这么多好处，那么我们在学会如何管理精力之后，会有什么样的体验？我们怎么知道自己当下的精力水平如何？本章最后准备了一个关于精力值的测试（见表1-1），可以帮助大家评估当下的精力水平。

在测试之前，我想描述一下，作为一个娴熟运用精力管理方法的人，我每天的状态是什么样的。

（1）每天早上起来，我都能够迅速"热身"，精神饱满地出门。不管当天面临的工作任务多么繁重，我都能够信心满满、充满激情地出现在办公室。

（2）到了办公室，我能够快速进入专注的状态，聚焦于重要的事情，甚至忘记了时间。我工作的产出效率很高，能够感觉到重要的事正在一件件地被解决。

（3）午饭时，我很清楚自己该选择吃什么才会让自己吃完后不会觉得困。不用午睡；下午，我可以很快进入专注的状态，到下班时有一种满满的成就感。

（4）我不用去健身房，每天都有充分的时间锻炼身体；我的体重常年保持在合适的水平，体能还有一定程度的提升。

（5）下班后，我有充足的时间可以陪伴家人，我也会把时间投入到自己的爱好上。即使需要加班或者应酬，我也有明确的目标，能够享受这个过程。

（6）晚上上床休息时，我能迅速地入睡，享受一晚上高质量的睡眠。第二天醒来时，我就会觉得精力恢复了。

总而言之，在精力管理上做得越好的人，越能高效地休息、工作，能够比其他人交付更多更高质量的成果。因为精力是人应对任务和挑战时产出结果的能力，所以如果你想成为你所在领域的优秀者甚至成为领军者，精力管理就是你的必修课。

表1-1中一共有16个问题，如果你有8个或8个以上的答案都是"是"，那么你的精力水平有待提高。如果你有6个或7个的答案是"是"，那么你的精力水平适中；如果你只有3个答案是"是"，那么你的精力非常充沛，你在精力水平上超过了大部分人。

准备好纸和笔，开始测试，并开启你的精力管理训练之旅吧。

表1-1　精力评估测试表

问题序号	问题描述	是	否
1	平时，在睡眠不足7~8小时的情况下，醒来的时候你觉得身心疲惫？		
2	你平时基本不吃早饭或者随便吃一点东西垫一垫肚子？		
3	你每周至少做3次有氧运动，或者平均每天至少能走8000步？		

（续）

问题序号	问题描述	是	否
4	工作时，你会进行无规律的休息，甚至经常在办公桌前吃午饭？		
5	你经常会很烦躁、焦虑甚至愤怒，或者，在工作任务繁重的时候你是否会有上述感觉？		
6	你平时和自己的家人〔包括父母、配偶（或男女朋友）、孩子〕相处的时间不够，或者相处时不能全身心地投入？		
7	你平时很难把时间留给自己的业余爱好？		
8	你很少有机会向别人表达感激之情，或者很难停下来庆祝自己取得的成绩和进步？		
9	你很难聚精会神地干一件事，常常干一会儿就忍不住要查看微信和邮件？		
10	在多数的工作时间中，你都是在应对别人的需求或者突发的情况，很难有一大段时间可以让自己专注于长期或重要的事情上？		
11	你很少有时间来做反思、清理、订立目标、检查目标，或者做一些创造性思考的工作？		
12	在平常的晚上和周末，你都在工作，并且很难有一个不用做任何工作的假期？		
13	在平时的工作中，你大多数时候都不是在做自己擅长的事情？		
14	你认为生活中最重要的事和你正在做的事有较大的不同？		
15	你的工作主要是由别人的要求来驱动的，而不是按照自己的实力和目标来驱动的？		
16	你感觉自己并没有给别人或世界带来什么不同？		

要点回顾

　　当代白领面对的精神压力与日俱增，这导致许多职场人的工作效率和生活质量不断下降，甚至出现各种健康问题。为了解决这些问题，进行科学的精力管理是必要的。精力管理不仅能让人提高工作效率，还能改善心情，能让人改变疲于奔命的状态，在工作的同时享受生活。许多成功的公司都在员工的精力管理上不吝投入，这是它们最终成为领域内的"冠军"的原因之一。如果你想要将精力管理运用到生活中，首先得清楚自己的精力水平。只有针对性地运用精力管理的相关方法，才能让其发挥最大的作用。

第2章

金字塔模型教你如何掌控精力

（取得这些成就）并不是因为我比别人聪明，而是因为我在重要的问题上思考了足够长的时间。

——阿尔伯特·爱因斯坦（Albert Einstein）

人的精力由4个部分构成，分别是体能、情绪、注意力和意义感。体能是我们保持精力充沛的基础，它就好比是汽车发动机的气缸。体能好的人，就像汽车的气缸数多，能输出的功率就大，在需要加速、超车、爬坡的时候，这辆汽车也很容易做到。情绪好比发动机的火花塞。如果一个人没有积极的情绪，就像不管发动机的功率有多大，汽车也无法正常启动。注意力就像汽车行驶所需的导航仪，能够让汽车行驶在正确的道路上，不会浪费燃料或偏离终点。注意力不集中的人就好像没有导航仪的汽车，可能会在错误的路上浪费大量能量，人也没有办法得到成长和塑造。意义感可视为汽车行驶的最终目的地。只有明确了目的地，明确了为什么要去这个目的地，这一趟旅程才会有价值。在没有明确目的地时就出发，汽车很难到达目的地。

　　理解了精力的组成，我们就有办法管理它了。精力构成就像下面这个金字塔（见图2-1），从下往上是体能、情绪、注意力和意义感。体能与我们的饮食、睡眠、运动和疾病状态有关。情绪有正面和负面两类，正面情绪包括感恩、乐观、兴奋、宁静、快乐等；负面情绪包括愤怒、悲伤、焦虑、抑郁、不安等。精力管理可以帮助我们增加正面情绪，减少负面情绪。注意力是指我们能多长时间地专注在一件事情上的能力，它能让人获得投入感和满足感。而意义感是我们自身的目标和使命，来自我们对自身及世界的认知。理解了精力构成的金字塔模型，我们也就可以知道从哪些方面着力改善自己的精力了。下面，我们从4个方面来展开讲述。

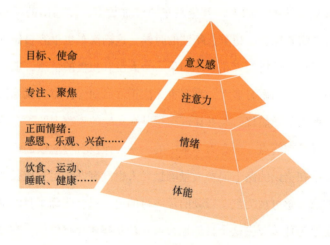

图2-1　精力构成的金字塔模型

体能好的人从来不知道累

体能是精力构成金字塔模型的第一层，也是最底层，它是精力状态的基础。精力和体能是密切相关的。精力和体能的关系，就好像汽车的功率和气缸数的关系。

为什么体能好的人精力会更旺盛？

医学研究发现[1]，体能好，尤其是心肺能力特别突出的人，其大脑的供血、供氧和供糖的能力都会更强，细胞代谢强度也比一般人大，细胞内供能的线粒体的数量也比一般人的多。因此，这些人的心脏、大脑获得的能量更多，效率也更高，长时间工作不容易疲劳。

美国"现代管理学之父"彼得·德鲁克（Peter Drucker）以及通用电气前首席执行官杰克·韦尔奇（Jack Welch）曾被问及同一个问题："在培养领导者方面，谁做得最好？"他们的答案既不是哈佛商学院，也不是通用电气，而是美国军队。

他们所指的美国军队，在很大程度上来说其实是指美国的西点军校，也就是美国陆军军官学院。自1802年建校以来，美国西点军校培养出了2位总统、4位五星上将、3700名将军。在美国陆军中，40%的将军来自西点军校；第二次世界大战后，在世界500强的历任高管中，有7000多名高管来自西点军校。以此计算，西点军校堪称美国最优秀的"商学院"。

曾经有人访谈了从西点军校毕业的世界500强首席执行官，

问他们西点军校的哪些培养内容对他们后来的工作最有帮助。这些毕业生提到最多的是以下4点。

- 对于战略的学习。
- 纪律性和团队意识。
- 对于目标感的培养。
- 对体能训练的高要求。这为他们后来应对繁重的工作打下了非常坚实的基础。

所以，好的体能是精力充沛的基础。有人说，刚步入职场的时候，大家拼的是体力；后来，大家逐渐开始拼脑力和关系；最后，到了职场高层阶段，大家最终拼的还是体力。由此可见，好的体力或体能对于职业发展非常重要。那么，我们应该如何提高体能呢？我们的疾病状况、饮食选择、运动习惯、睡眠质量都和体能密切相关。要想提高体能，我们必须在以上4个方面下功夫。

管好自己情绪的人拥有好状态

关于情绪对精力的影响，这并不难理解。例如，如果你一大早遇到一件开心的事，那么你一整天都会觉得自己心情很好、精力充沛。但是如果你一大早遇到一件糟心的事，那么你可能一整天都会心情低落。现代心理学有大量的证据证明[2]，情绪对人的记忆力、认知力、决策力都有直接或间接的影响。

有一次，我对一个朋友讲积极情绪的重要作用，他反问我：
"不对，你看那么多疯狂的天才，凡·高、贝多芬……这些人的
情绪通常都不稳定，经常抑郁，为什么还能创造这么多伟大的作
品呢？这是不是说明负面情绪有时候也有作用？"

这些话听起来似乎有道理，但事实并非如此。历史学家对这
些天才的研究发现：他们的情绪波动的确很大，有时候很亢奋、
很积极，但很快又变得很低落、很抑郁。但请注意，虽然他们常
常经历情绪的波动，但是他们真正产出最多、创造力最强的时
候，并不是他们处于情绪波谷的时候，而恰恰是处于情绪波峰的
时候，也就是处于正面情绪高涨的时候。所以，积极、正面的情
绪是精力充沛的保障。

用好注意力，工作才高效

注意力能够保证我们的精力得到有效的输出、创造有效的
结果。

以提出心流理论著称的心理学家米哈里·契克森米哈赖
（Mihaly Csikszentmihalyi）说，注意力是我们拥有能够自主控制
的最重要的资源。它如同我们的大脑与外部世界建立联系的一条
通道，能够塑造世界，也反过来塑造我们自己。注意力不集中的

人付出精力的过程就好比是发动机空转的过程，无法输出能量，人自身也无法得到成长。西方有句谚语："Wherever focus goes, energy flows"，意思是：注意力在哪儿，精力就流向哪儿，说的就是这个道理。

我自己一直是一个注意力很难集中的人，能够专注在一件事情上的时间非常短。以前，我看了十多分钟的书，就想干别的事了。我很难在同一件事上保持超过半小时的专注力。过去，我还经常用"可以多线程工作"这个理由安慰自己，说我可以同时做几件事，效率很高。但后来才发现，我可以同时做的几件事，其实都是简单和被动的事，比如回邮件、看网页、查微信。如果遇到特别重要且具有挑战性的事，我能做的往往就只有拖延。比如，我在"得到"平台上开设"精力管理"这门课，或者思考一些关于企业发展的战略性问题，抑或考虑和别人进行一场重要的谈话时，如果我同时做这类事情，我往往就都做不好。这就好像电脑同时运行了多个负荷重的程序，它的运行速度也就变得越来越慢了。

所以，如果没有进行改善注意力的刻意训练，或许今天我也不会专门开一门课和写一本书来讲"精力管理"了。

意义感是精力的根本来源

意义感是人活着的最高追求，是驱动我们做事的底层逻辑，是人生的操作系统，是精力的最终源泉。

为什么有意义感的人精力更充沛呢？我的朋友李晓峰的故事或许可以为这个问题给出答案。

李晓峰是我在混沌大学的同学、钛度科技的创始人。你可能对"李晓峰"这个名字比较陌生。但是如果你是一个游戏爱好者，玩过《魔兽争霸》这个游戏，那么很可能听过"SKY"这个名字，SKY就是李晓峰的网名。SKY曾经两夺 WCG[1]魔兽争霸挑战赛的世界冠军。

最初，我在混沌大学认识李晓峰的时候，他说自己是职业游戏选手，我本来觉得他与我在人生经历上没有什么共同点。但后来我通过聊天发现，李晓峰居然跟我一样，也曾是医学院的学生，但他后来成了职业游戏选手，还得了该领域的世界冠军。

我觉得他的经历太传奇了，就问他："你是怎么做到的？"

他告诉我，在训练强度上，一个职业游戏选手和其他职业运动选手不相上下。在打职业赛的时候，他每天要训练十多小时，并机械地重复一些动作。比如，他要重复地敲打键盘、点鼠标，从而将这些动作的速度提高到每分钟几百次，很多时候，他对这些枯燥的训练几乎无法忍受。曾经有几年的时间，他几乎每天都睡在训练室里，醒了就不停地训练。

面对这样高强度的训练，绝大部分人根本坚持不下来。刚开

---

[1] WCG是World Cyber Games的缩写，意思是"世界电子竞技大赛"。——编者注

始，李晓峰的一个弟弟也喜欢打游戏，于是跟着他一起训练，后来因为无法坚持就退出了。所以，全世界玩网络游戏的人有几千万人，但能成为世界冠军的人却是凤毛麟角。

这让我回想起读大学的时候，我也喜欢在宿舍、网吧里打游戏。但是，打完游戏以后，我更多的感觉是空虚、无聊、精神萎靡、疲劳困倦。因此，接受那么高强度的训练，李晓峰的感觉可能更不好受。

为什么李晓峰能够十几年如一日地做这件事，坚持这么高强度的训练，最终成为世界冠军呢？答案是，李晓峰在游戏中找到了意义，找到了他的生命能量释放的方向。

李晓峰说，当他在游戏中第一次碰到鼠标和键盘的时候，他完全被震撼了。他当时的感觉就是，《魔兽争霸》完全是为他创造的。游戏满足了他从小到大想成为大侠、仗剑走天涯的愿望。后来他成为职业选手，代表战队和国家队出战，更让他找到了意义感和成就感。

现在，他亲自推广游戏竞技运动，帮助有天赋的青少年走上职业游戏选手的道路，他觉得这项工作更有意义。而对我来说，游戏就只是一个发泄负面情绪的途径。

尼采说："知晓生命的意义，才能够忍受一切。"李晓峰的例子就很好地验证了这句话。

意义感，就像航海时的灯塔、开车时的路标，能让人迸发巨大的能量，产生持久的精力。

医学研究甚至发现，相比没有意义感的老人，生活中有意义感的老人患阿尔茨海默综合征的概率要低58%。甚至生活中很多有意义感的老人，虽然他们的大脑出现了病理性的改变，但却一直不发病，也没有该病症的症状。

所以，在精力构成的金字塔模型里，意义感是处于最顶端的。

📋 要点回顾

人的精力由体能、情绪、注意力和意义感4个部分构成，精力构成金字塔模型可以用以下公式来解释。

好的精力=充沛的体能+积极正面的情绪+随时可以聚焦的注意力+明确的意义感

看到这个公式，你是不是觉得特别神奇，觉得原来精力管理就这么简单？其实，这个公式看起来简单，却不容易做到。因此，接下来我们便要开始学习如何有计划地从这4个方面进行精力管理。

第2部分

身不累

下面这3种方法都是我自己通过实践证明有效的，能够让你在繁忙的工作中养成随时随地运动的习惯。方法一，找到适合自己的运动项目；方法二，设定具体的目标并建立反馈机制；方法三，学会利用碎片时间见缝插针地进行运动。

第3章

健身：适量运动，让你活力四射

故不积跬步，无以至千里；不积小流，无以成江海。

——荀子《劝学篇》

体能是精力的基础，是精力构成金字塔的最底层。那么，体能是由什么决定的呢？

除了基因的影响，体能的强弱与运动、饮食、睡眠和疾病这4个方面直接相关。良好的运动、饮食和睡眠习惯有助于改善体能，疾病则是损害体能的重要因素。

本章主要介绍我们是如何通过运动提高体能的。在此之前，我们可以通过以下两个小测试来检测一下自己的体能。

深蹲测试

深蹲测试的要点是：让双脚与肩同宽，重心放在后脚跟，臀部与地面保持平行后，连续下蹲50次，看能否在一分钟内做完（见图3–1）。

如果你能够顺利地连续做50次深蹲动作，并且不会感到头晕、心慌，那么你的体能就是达标的。遗憾的是，很多人做不到。"深蹲"考验的是下肢的力量与平衡性，以及心肺功能。

图3-1　深蹲动作示意图

靠墙俯卧撑测试

靠墙俯卧撑测试的要点是：对着墙做俯卧撑，在1分钟内连续做50个。

这个测试考验的是我们上半身的肌肉（包括胸肌、肱二头肌、肱三头肌）的力量。我们可根据自身条件调整难度：离墙远一点就难一点，离墙近一点就容易一点（见图3-2）。

图3-2　靠墙俯卧撑示意图

同样地，如果你能在1分钟内顺利地连续做50次，那么你的体能就达标了。

而如果对于以上两个测试，你都不能顺利完成，这就说明你的体能比较差。

运动对于大脑的状态和表现，影响极大

如今，大多数热衷于运动健身的城市白领，主要是为了打造"人鱼线""马甲线"，让自己的体形变得更加优美。其实，运动的好处，绝不仅仅是"强身健体"这么简单。大量的研究

发现，运动对于大脑的状态和表现，影响极大。我给你举两个例子。

第一个例子是关于记忆力的。你可能会感觉到，随着岁数越来越大，自己的记忆力越来越不好。所以很多人会说："哎呀，人老了，记不住了。"人脑里有一个负责长时记忆的储存组织，该组织还负责空间定位，叫海马体。海马体的体积会随着人的年龄的增长而萎缩。尤其是人过了30岁以后，每隔一年，海马体的体积就会萎缩0.5%。正因为如此，很多人上了年纪之后记忆力就会衰退，而且人的岁数越大，记忆力就越差。

那有什么办法能够让海马体的体积增大呢？其中一个办法就是运动。

研究发现，人在经过3个月的高强度间歇训练之后，海马体的体积能明显增大，所以，运动本身能够改变我们的记忆能力（见图3-3）。

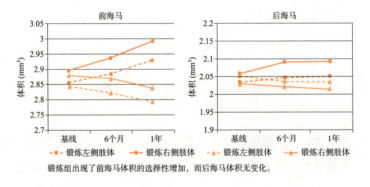

锻炼组出现了前海马体积的选择性增加，而后海马体体积无变化。

图3-3　高强度间歇训练过程中海马体体积变化趋势

如果你以后听到有老年人或中老年人说"我岁数大了，所以脑子不行，记忆力变差了"，那么你要知道，这种说法是不全面的。如果保持运动习惯，人是有可能保持很强的记忆力的。常年不运动的人，他的大脑中的海马体体积就会萎缩得很快，他的记忆力水平也会下降得更快。而且，研究显示，坚持运动不但能使人体大脑中海马体的体积增大，还能使其中的神经纤维的密度增大，神经纤维的连接也会增多[1]。

第二个例子是关于创造力的。现代知识经济对许多岗位人员的创造力提出了更高的要求，但怎样能提高人的创造力一直是个谜。我们称爱因斯坦、乔布斯这样的人为天才，在某种程度上就是承认他们的创造力是天生的，是没办法通过训练获得的。

斯坦福大学心理学家的研究结论却给这个问题提供了一个新的视角。研究者通过比较两组受试者分别在静坐时和在跑步机上走路时回答创造力问题得分的差别，发现：在跑步机上走路能显著提高人的创造力。相比静坐，在跑步机上走路时，人的创造力可以提高60%，并且就算停下来，这种关于创造力提高的状态还可以维持一段时间。

因此，如果你从事的是需要创造力的工作，那么与其每天坐着冥思苦想，不如起来走一走。我自己晚上有个习惯，就是回家以后散步半小时到一小时。散步期间，我会想到很多有趣的想法，然后随手用手机记录下来。我解决很多困难问题的灵感就是这么出来的。

还有研究表明，运动对专注力、克服困难的毅力等方面，都有积极的影响。运动对于大脑状态的改善特别有帮助。为什么这么说呢？

从生理学角度来讲，大脑本质上是由大约1000亿个神经元细胞和无数的血管组成的器官。大脑的血管非常丰富。大脑虽然只占人体约2%的重量，但要消耗约20%的氧气和20%的葡萄糖。所以，增加大脑的氧供和血供，能快速增强大脑功能。运动则是增加大脑的氧供和血供最有效、最迅速的方法。因为人在运动的时候，人的耗氧量、心脏射血分数都在大大提高，血流速度也会加快，身体会分泌更多的肾上腺素和生长激素。大量的激素会扩张毛细血管，血液循环中的氧气和葡萄糖的含量都会上升，从而给大脑提供了充足的工作原料，让大脑的代谢速度加快，从而有利于人体清除代谢的废物。如果是做有氧运动，上述效果将更好。

如果你在忙碌工作之后，感觉大脑一片空白，没有思路，那么你只要做10～20分钟的运动，就能让大脑重新高效运转。

根据我的经验，每天工作或学习8小时，其实不如工作或学习7小时，再运动1小时。后者的工作效率远高于前者。我认为，如果想要养成一个良好的生活习惯，那么运动一定是最优的选择。尤其是在教育孩子方面，与其让孩子每天处于长时间的学习状态，不如让他每天用1小时做运动，这样不但能令孩子拥有更健康的身体，还能提高他的学习效率。

进化中的能量太多与"用进废退"

说到这里，有人可能会质疑，运动真的有这么多的好处吗？俗话说，"千年王八万年龟"，乌龟很少活动，寿命却很长。这是否印证了"生命在于静止"这句话呢？

其实，乌龟很少活动却活得长，是因为乌龟的祖先也不怎么活动。但人跟乌龟不一样，人类的祖先是天天都在运动的。

哈佛大学人类进化学家丹尼尔·利伯曼（Daniel Lieberman）在《人体的故事：进化、健康与疾病》（*The Story of the Human Body:Evolution, Health, and Disease*）[2]里提到，人在100万年的进化过程中，大多数时候都需要走、跑、跳、推、拉、挑。如果一天不劳动，人就无法获得足够的食物，就会面临饥饿的风险。所以从进化的角度来看，人的身体就是适宜而且需要运动的。如果这些体力活动在人们的生活中都消失了，人的基因会不适应。

从跑步为例，人体进化出跟腱、竖脊肌等解剖结构，都是为适应奔跑需要的。人的胸腔在奔跑时上下扩张而非前后扩张，这就不会导致胸腔被前后移动的四肢所挤压；另外，人体没有厚厚的毛发，也更容易散热。因此，人类是地球上为数不多很适合长途奔跑的物种。很多人可以连续跑42公里的马拉松，甚至100公里的超级马拉松。

而在过去的100年间，人类发明的大量机器替代了大量的体力劳动者。现代人可以坐在电脑屏幕前或者会议室里完成所有工作，获得足够的收入。这在过去是无法想象的。

📖 **延伸阅读3-1**

> ### 人体的故事[3]
>
> 　　为什么现代患高血糖、高血压、高血脂(简称"三高")这些典型慢性病的人越来越多? 为什么我们的孩子越来越容易近视? 为什么明知吸烟、喝酒的危害，人们却还趋之若鹜?
>
> 　　《人体的故事：进化、健康与疾病》就给我提供了思考这些问题的全新角度——进化的角度。该书作者是丹尼尔·利伯曼，美国哈佛大学人类进化生物学教授，出生于1964年，他的权威著作《人脑的进化》(*The Evolution of the Human Head*)于2011年出版。他倡导和践行"赤足跑"，是跑圈内赫赫有名的"赤足教授"。
>
> 　　为适应生存环境，现代人类的身体构造已经历了600万年的进化。但自从1万年前人类进入农业社会、300年前进入工业社会、50年前进入信息社会开始，人们所处的生存环境日新月异，发生了天翻地覆的变化，这对人类身体的适应能力带来了挑战。
>
> 　　人类的缓慢进化与社会环境高速发展的不匹配所带来的疾病，比如"三高"等慢性病，被作者称为"失配性疾

病"。这是此书核心的观点，也是其重点讨论的问题。

为预防这类疾病，我们需要借鉴古人类的一些生活习惯，比如尽可能地劳动或运动，减少久坐时间；食物来源多样化，减少糖和碳水化合物摄入量；充足睡眠，学会放松。

生存环境对人类在"体力活动"方面的要求越来越低，这也导致了人类罹患失配性疾病的概率越来越大。失配性疾病是指我们的基因和外在的环境不匹配所导致的疾病，主要有两种："能量太多"造成的疾病和"用进废退"造成的疾病。

"能量太多"造成的失配性疾病包括：高血压、2型糖尿病、高血脂。

以2型糖尿病为例，这种疾病在中国有超过1亿名的患者。对这些患者来说，由于我们现在太容易获取糖了，为了将血糖水平控制在合理范围内，相比50年前的人而言，现在不得不分泌更多的胰岛素来控制血糖。这无疑增加了胰腺的负担，时间一久，胰腺功能衰退，分泌不出足够的胰岛素，身体细胞对胰岛素的敏感性就会下降，人就会得2型糖尿病。

另一种"失配性疾病"是"用进废退"造成的，这种疾病的例子包括骨质疏松。

📖 **延伸阅读3-2**

用进废退

用进废退是指，生物体的器官如果经常被使用，就会变得发达，而不经常被使用，就会逐渐退化。比如，人们越勤于思考、勤用大脑，它便会越灵活；而人们越懒于动脑，大脑越会像生锈的链条一样难以正常运转。

用进废退这个观点最早是由法国生物学家让-巴蒂斯特·拉马克（Jean-Baptiste Lamarck）提出的，他在《动物学哲学》（*Philosophie Zoologique*）中系统地阐述了他的进化学说（被后人称为"拉马克学说"）。他认为，生物进化的原因是环境条件对生物机体的直接影响。在新环境的直接影响下，生物会改变习性，某些经常被使用的器官会变得更发达，不经常被使用的器官会逐渐退化。适应是生物进化的主要过程。

在进化过程中，人体形成了一套正反馈机制，叫作"用进废退"。因为能量和物质有限，人体需要把资源集中在被反复使用的地方，所以，那些经常被使用的器官的功能就会更强大，而那些不经常被使用的器官就会慢慢退化。

以骨骼为例，运动的时候，我们需要更高强度的骨骼来提供支撑，所以运动会刺激骨骼的生长，让骨骼更强壮。但反过来，长期不运动这个信号会"告诉"身体，我们只需要较轻的骨骼。久而久之，我们便很容易患上骨质疏松症。这便是由"用进废退"带来的"失配性疾病"的例子。

如今，科技越来越发达，服务越来越完善，由"用进废退"带来的"失配性疾病"可能会越来越普遍。

美国国家卫生研究院（National Institutes of Health, NIH）的调查显示：美国人平均每人每天坐着的时间超过9小时，甚至比睡觉的时间还要长。长时间加班的人，坐着的时间甚至超过了14小时。而长期坐着的人，死亡风险比一般人的要高50%。

由美国运动医学科学院以及国际运动科学和体育理事会联合组织的一项全球调研显示，我们正面临十分严峻的形势。每年都有许多人死于与缺少运动有关的疾病，这个人数甚至多于吸烟所造成的死亡人数。17岁以下的心理亚健康的青少年也不在少数。

这些糟糕的形势都和缺少运动相关。世界卫生组织（World Health Organization，WHO）曾估算，每年全世界因缺乏锻炼而死亡的人数高达320万人，而且这个人数还在迅速增长。

现在我们知道了，生命不在于静止，而在于运动；运动对提高精力水平和保持身体健康都有很大的帮助。那么，合适的运动量到底是多少呢？

最好保证每周有300分钟的运动量

世界卫生组织针对18～65岁的成年人给出的推荐是，每周至少做150分钟中等强度的有氧运动。我们可以将150分钟的运动量划分为一周5天、每天半小时的运动量。

我认为，如果要达到最佳的健康效果，我们还要在此基础上增加1倍的运动量，即我们需要300分钟的运动量。这300分钟的运动量可被划分为每周5天、每天1小时的运动量。这个量也是达到精力管理目标的最佳量。

你可能会问，什么运动是"中等强度有氧运动"呢？其实，它是有计算标准的。

"中等强度有氧运动"的计算标准

美国心脏病学会建议，成年人一周可以进行150分钟的中等强度有氧运动。中等强度值就是你最大心率值的60%～70%，最大心率值为220减去你的年龄所得到的数值。

比如我35岁，那我的最大心率值就是185。120处于185的60%～70%的范围内，我们取120作为中等强度值。对我来说，如果一周运动5天，那么如果在运动当天，我的心率能达到120的时间超过半小时，这就是合适的运动强度。

为了方便监测心率，我们可以借助一些电子设备，比如智能手表、智能手环等。

应对"好吃懒动",给自己创造一个新的正反馈机制

你可能还会说:"我知道运动有好处,但是我确实很懒,没办法坚持运动。我该怎么办呢?"

其实这不是你的错,因为人的本性都是懒惰的,都喜欢静止,难以坚持运动。在某种意义上,这是由人类的基因所决定的,但也是人类存活至今的原因之一。

人类在进化的数百万年中,绝大部分时间都处于"吃了上顿可能没下顿"的状态,每天必须出去打猎或者采集,才能填饱肚子。在这种环境下,人类为了生存下来,最优的策略就是在有食物的时候尽可能多吃,而且要吃高热量的食物,多储存能量,以防备将来出现食物匮乏的情况。同时,在安静的时候要多休息,以减少热量的消耗,这样才能增大活下去的概率。可以说,我们的祖先能够活下来,就是因为他们具备了这种"好吃懒动"的基因。

直到最近,因为科技的进步,人类的食物才变得极为丰富。现代人在城市里,100米之内就能找到吃的东西。由于有了各种交通工具,现代人出行时无须耗费很多体力。生存环境变了,我们的基因却没变,因此,如果我们还是坚持这种"好吃懒动"的天性,身体就会出问题。我们需要给自己创造一个新的正反馈机制。

忙碌者如何在有限的时间里保证运动

很多人知道运动很重要，但是每天在办公室里忙于工作，下班后又要忙于处理家务，根本没时间运动。即使抽出时间运动，大多数人也很难坚持下去。忙碌的职场人如何才能养成运动的习惯呢？

下面这3种方法都是我自己在实践中证实有效的，能够让你在繁忙的工作中养成随时随地运动的习惯：第一，找到适合自己的运动项目；第二，设置具体的目标并建立反馈机制；第三，利用碎片时间见缝插针地进行运动。

找到适合自己的运动项目

很多人不愿意运动，说自己不喜欢运动，其实是不喜欢去健身房、不喜欢跑步，等等。他们理解的"运动"是狭义的运动。就好像有人说不喜欢读书，其实是因为他没有读过自己喜欢的书，没有享受过那种心灵被震撼、大脑被激荡的快感。

所以你不喜欢运动，也可能是因为你还没有找到喜欢和带给你享受的运动项目。

运动项目有几百种，不依赖任何器械的运动项目就至少有几十种。花一些时间找到自己喜欢和适合的运动，坚持运动就会变得不那么费力。

　　我有一个正在创业的朋友，他因为工作压力大，半年时间体重增加了十多斤，精力也跟不上。我跟他聊天后发现，他几乎每天都不运动，下班回家后就倒在沙发或床上了。他也抱怨说，自己以前其实很喜欢跑步，但是后来因为伤了膝盖，直到现在，走路时脚都会疼。医生建议他不要再跑步了，他不知道还能做什么运动。

　　我坐下来跟他一起分析，发现他小时候在南方长大，很喜欢下河游泳。于是，我问他："你为什么不游泳呢？"他说，自己上大学后就没游过泳，都忘了这个爱好了。

　　他办公室旁边刚好有一个健身房，里面有游泳池。我建议他每天早上上班前先游泳半小时。几个月之后，他打电话告诉我，他的体重恢复到正常水平，精力也比以前充沛多了。每天半小时的游泳让他焕发了生机。

　　我自己也有类似的例子。我曾认为自己不喜欢滑雪，因为我不喜欢速度很快的运动。但是我在第一次滑雪时发现这是一项特别有意思的运动。

　　我爱上的另一项运动是跳蹦床（见图3-4）。你可能会觉得奇怪："这也算运动？这不是公园里孩子们的娱乐项目吗？"你可能不知道，跳蹦床是美国国家航空航天局（以下简称"NASA"）推荐的最佳室内运动。20世纪80年代，NASA派出的宇航员在执行任务之后，发现因为太空中没有重力，人体无须肌肉的力量支持或运动，肌肉容易出现萎缩。于是，NASA委托一群运动医学专家进行研究，看哪种运动最有利于宇航员恢复体力和保持肌肉健康。专家们比较了所有的室内运动项目，最后得出的结论是跳蹦床。

图3-4　跳蹦床

　　为什么呢？因为跳蹦床的运动效率特别高，能够在很短的时间内提升心率和代谢率。首先，跳蹦床的运动效率相比慢跑高了40%。其次，跳蹦床可以辅助全身血液循环和淋巴系统的运作。因为在跳蹦床的过程中，人体有失重和超重的过程，这个过程会帮助人体内的淋巴系统和血液循环加速运动，促使胃肠道加速蠕动。最后，在一跳一弹的过程中，身体还会释放大量的多巴胺，让人心情愉悦。你想想，小孩子在游乐场跳蹦床的时候是多么高兴！经常跳蹦床的人心情不会太差。我在办公室和家里各放有一张蹦床，这项运动让我保持心情愉悦。

如果你觉得自己不喜欢运动，那么稍微多想一下："我真的不喜欢运动吗？我不喜欢去健身房、去跑步，还是不喜欢所有的运动项目？我尝试过多少种运动项目呢？"我自己尝试过也很喜欢的运动项目包括跑步、游泳、骑自行车、打篮球、打网球、打乒乓球、打羽毛球、滑雪、滑冰、拳击、跳蹦床、瑜伽、潜水，等等。花点时间，你一定能找到自己喜欢并且能够坚持下来的运动项目。

另外，很多人缺乏运动的动力是因为总会想起运动带来的"痛苦"。比如，很多时候，我们只要一想起跑步，就会想到换衣服、外面天气不好、肌肉酸疼、出了汗不舒服、回来洗澡太麻烦等。你一想这么多事，就懒得动弹了，人的大脑对于困难和损失总是特别敏感。

我给你的建议是，多想想运动的好处，不要想运动带来的痛苦。你可以在运动之前先闭上眼睛，想一想运动之后那种酣畅淋漓的感觉，甚至想一想自己会拥有六块腹肌的那种性感，就容易动力满满地运动了。

设定具体的目标并建立反馈机制

要养成运动的习惯，不要给自己设立一个虚无的目标。比如，对于"每天都要运动"这个目标，很多人是无法完成的。你可以给自己设定一个具体的、可测量的并且容易实现的目标，比如，每天走1万步。这用到了管理学上的SMART原则，这个原则包括5个方面：具体的（specific）、可度量的（measurable）、可实现的（attainable）、相关性（relevant）、时限性（time-bound）。

SMART原则常常被用于企业管理和员工的业绩考核。你在给自己设定运动目标的时候，可以参考这个原则，看看自己是不是设定了具体的、可测量的、可实现的，而且有时间限制的目标。如果这几个方面都符合，那么你就会更容易坚持这个目标。

例如，我给自己设立的每日目标是要走1万步，并且要做一套八段锦[4]和一套肌肉力量训练操。有了类似明确的目标，我们培养运动习惯就容易得多。

我戴了一个智能手环，每天能通过这个手环看到自己有没有走到1万步。如果没有达到目标，那么晚上回家以后，我就会在楼下的花园里把这1万步走完。

另外，在运动初期，目标越小越好，不要贪多求大。比如，你想养成做俯卧撑的习惯，那么，最好将目标设定为每天做3个俯卧撑，而不是每天做50个。为什么呢？因为50个俯卧撑是很难完成的，如果我们在某两天没有做到，可能会想"算了算了，反正也做不到"，那样就不容易坚持了。而做3个俯卧撑只需要几秒钟，很容易坚持。有趣的是，在做了3个俯卧撑之后，你很可能会想"反正都做了，不如多做几个"，这样，反而容易做到了。这种用小习惯带动大习惯的做法叫作"微习惯"（micro habit）做法。很多心理学研究证实，微习惯是一种非常有效的帮助你养成新习惯的方法。当然，随着你的能力越来越强，当你觉得做50个俯卧撑也很简单的时候，你就可以把目标改成每天完成50个俯卧撑了。

目标的确定很重要，建立快速的反馈机制也很重要。

你有没有想过，为什么玩游戏比运动更容易让人上瘾？其中一个很重要的原因，就是游戏的反馈更快、更及时。

玩游戏的时候，每过几分钟，就会有成功通关或者失败相关的反馈。而对于运动，我们要好几周甚至更长的时间才会看到效果或者收到反馈。所以，如果你想养成一个习惯，一定要给自己快速的反馈。比如，我们可以在家里放一台体重秤，每天称一下体重，看体重是不是达标。行为学相关研究表明，这么一个简单的举动能让你更容易减肥。

管理学界有句名言："没有测量就没有管理，没有反馈就没有目标。"这句话也适用于运动。如果你要养成运动的习惯，就需要遵循"目标—测量—反馈"的正循环。实现了这个正循环，你就能更快地养成运动的习惯。

利用碎片时间见缝插针地进行运动

工作忙碌的人，常常很难有整段的时间可以用于运动。作为创业公司的首席执行官，我也一样。但我想告诉你，运动并非一定需要专业的场合、专业的装备和一大段的时间，只要养成"碎片运动"的习惯，你也可以随时随地运动。

你完全可以在日常生活中见缝插针地完成运动。如果你特别忙，我推荐你进行高强度间歇训练。

你想一下，你每天有没有1分钟的时间可以用来运动？我相信你肯定有。有研究表明[5]，哪怕每天做1分钟高强度间歇训练，每周坚持3天，一个月做12次，即一个月只做12分钟的训练，也能让人的血糖水平降低15%。

高强度间歇训练能让你在短时间内提高心肺能力、增强爆发力，并且消耗大量热量。

做完一套高强度间歇训练之后的48小时，人体的代谢率会高于正常水平。也就是说，即使你结束了训练，身体里的脂肪也还在消耗。很多明星、首席执行官都是高强度间歇训练的拥护者。只要你留心，就会发现，每天其实有很多碎片时间可以用于锻炼。

以我自己为例，我醒来以后就会在床上搓脸、梳头，并且做几个简单的拉伸动作。刷牙的时候，我会单腿站立，做几个深蹲动作。因为我住的地方离公司比较近，所以我每天都会选择走路上下班。

在办公室工作的时候，我会调节办公桌的高度，交替地站着和坐着。在上午会间或者工作间歇，我会休息一下，做一段八段锦。八段锦是中国传统的锻炼方法，你可以把它理解为"站着做的瑜伽"，它的动作比太极拳还要简单。

在开电话会议或者接打电话的时候，我会戴着耳机在公司里走动，并且做一些简单的拉伸运动。

下午时段，我会安排两次15分钟的休息。在第一次休息时，我会做15分钟的肌肉训练，这种训练叫作囚徒训练（见图3-5）。

📖 **延伸阅读3-3**

囚徒训练的由来

囚徒训练是一种古老的健身法，其发明者是美国人保罗·威德（Paul Wade）。保罗·威德1957年出生于美国加利福尼亚州旧金山，早年在康特拉科斯塔县的克莱顿生活。因涉嫌管制物品交易，他于1979年被关入圣昆汀州立监狱。保罗·威德在美国一座严酷的监狱中度过了19年的时间，在其中逐渐挖掘了一套古老的健身法和在商业社会中早已失传的力量哲学，并凭此成为知名的无器械健身达人。2002年获释后，他移居英国伦敦附近，并致力于传播在狱中学到的古老的健身法。

俯卧撑
一组10次

深蹲
一组10次

引体向上
一组10次

举腿
一组10次

桥
一组10次

倒立撑
10秒

图3-5　囚徒训练

第二次休息,我会做一次15分钟的冥想练习,帮助自己安静下来。

此外,如果出去拜访客户的路程在5公里之内,我一般都会选择骑车。出差的时候,我也会在旅行箱里放入跑鞋、弹力绳。

跑鞋让我到了新的城市后仍可以跑步、放松。通过跑步,我不但可以保持运动量,还能从另一个角度了解这个城市。弹力绳这个小装备,则让我在机场或者酒店可以快速地进行肌肉力量训练。

你瞧,如果你能充分利用一天之中的碎片时间,见缝插针地进行运动,那么你根本不需要专门去健身房,也能保持较大的运动量。你想想咱们的祖先哪有什么健身房,不也是天天都在运动吗?

📝 要点回顾

运动是拥有良好体能的基础,能够明显改善身体和大脑的状态。人类为了在严酷的环境中生存下来,保留了"好吃懒动"的基因。但现代社会的进步导致环境与这些基因不相适应了。我们只有养成坚持运动的习惯,才能让身体适应这种变化。

养成坚持运动的习惯有3种有效的方法:第一,找到适合自己的运动项目;第二,设定具体的目标并从最小的目标开始;第三,利用碎片时间见缝插针地进行运动。

只要掌握了以上这3种方法,坚持运动其实并不难,所以赶快操练起来吧!接下来,我们将会从饮食的角度来学习如何提高体能和精力水平。

第4章

吃对了，精力更充沛

告诉我你吃什么，我就能知道你是什么样的人。

——让·安泰尔姆·布里亚-萨瓦兰
(Jean Anthelme Brillat-Savarin)
《厨房里的哲学家》

　　身在城市中的白领，基本上每天都会面临这样一个"世纪难题"：中午吃什么？

　　你是否也觉得，午餐的质量会直接影响下午的精神状态和工作效率？不错，精力构成金字塔表明，饮食与精力的关系非常密切。英文有一句谚语："You are what you eat"，意思是你吃什么，你就是什么。它说明了饮食不仅会影响你的体形，还会影响你的精神状态。

　　你可能会认为，对NBA球员这样的职业运动员来讲，管理日常饮食的重要性毋庸置疑。可是对于朝九晚五的上班族，平时就只是上班，还需要在饮食上有特别的讲究吗？那当然，而且讲究还不少！本章中，我们就来学习吃什么、怎么吃可以让你的精力更充沛。

揭开"饭后发困"的秘密

我们几乎都有这样的感觉,中午吃完饭就会犯困,所以很多人有午睡的习惯。但吃饱就发困的原因究竟是什么?午饭吃什么跟饭后发困有没有关系?

在回答这些问题之前,我们先要了解一下,究竟什么会影响人的精神状态。人的清醒与睡眠主要受两个规律的影响:昼夜节律[1](circadian rhythm)和内生平衡节律(homeostatic rhythm)。这两个节律共同作用,影响我们一天的觉醒状态和困倦感觉。

昼夜节律就是人类进化过程中受白天和黑夜的变化而产生的生命活动的周期变动,以24小时为一个周期。它好比我们身体内部的生物钟,调节我们身体多个内部系统,包括睡眠和饮食习惯、激素的分泌、体温、灵敏度、情绪和消化等,使其与地球的自转相适应。

图4-1展示了在一天中的不同时刻人体的自然规律。

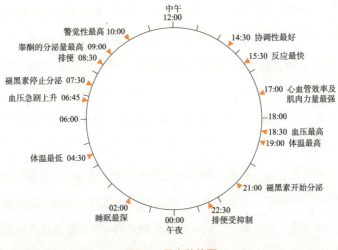

图4-1　昼夜节律图

　　内生平衡节律主要受觉醒和睡眠的时间的影响，表现为睡得越久越容易醒，醒得越久越想睡。人的精力就像池子里的水，刚睡醒的时候，你的精力十足，此时，池子里的水是满的，你可以随便使用这些水；但当你把精力/水用得差不多时，池子就会发出信号，让你去睡觉，好补充一下水。

　　在一天中，我们是这样度过的：早上醒来，在昼夜节律的作用下，我们保持清醒，而在内生平衡节律的作用下，我们逐渐积累睡意；在下午两三点的时候，我们会经历一个觉醒状态的低潮。这时，内生平衡节律就会用睡意提醒我们，应该休息一下，给池子补充一点水。也就是说，这个时候，在两个节律的共同作用下，我们会觉得困倦。

假设由于时间紧、任务重，我们中午没法休息，那该怎么办呢？有一些方法可以帮助我们调整这两个节律，减少白天的困意。比如，保证晚上有足够的睡眠时间、白天多晒晒太阳，等等。

你可能会问："我这两个节律都调整得很好，为什么中午还是会犯困？"

答案是，除了昼夜节律和内生平衡节律的作用，饮食不当也是让你中午发困的一个重要原因（尤其是在午饭时吃大量米饭、面条等高碳水化合物食物）。高碳水化合物食物容易促进人体产生大量的糖分，从而让血糖水平升高。而如果血糖水平上升过快，就会导致胰岛素快速分泌，使得色氨酸进入大脑。色氨酸是合成褪黑素的重要原料，褪黑素越多，人就会觉得越困。而且如果吃得太饱，大量的血液涌向消化道，大脑供血不足，也会让人感到疲惫。

多种原因的综合，使你午饭后总是"哈欠连天"。因此，要想下午不犯困，一定要注意白天的饮食，以维持血糖水平的稳定。

3个原则，让你吃出活力

我们怎么吃才能保持精力充沛呢？下面介绍3个重要原则。

原则一：少食多餐，将3顿变5顿

要想中午不犯困，我们需要尽可能地减少血糖水平的波动。如果一餐吃得过饱，两餐之间间隔时间又长，血糖水平就容易大起大落。大脑不喜欢这种状态，精力当然好不了。所以，为了尽可能地减少血糖水平的波动，我们需要少食多餐。

具体来讲，在早餐、午餐和晚餐时，我们要少吃主食，多吃蔬菜。因为主食容易让人体的血糖水平快速上升，但蔬菜不会。在上午和下午的间隙，我们可以补充一些零食，如坚果、水果、蔬菜沙拉等。

我们可以这样安排一天的饮食。

（1）早餐，不要吃得太饱，要多吃高蛋白和高纤维食物。

（2）10:00～11:00，吃一把坚果或者一小盘水果。

（3）午餐，吃六七分饱，吃大量的蔬菜或者像鸡肉、鱼肉这样含高质量蛋白质的食物。

（4）15:00～16:00，吃一些零食，如蓝莓、草莓或坚果。

（5）晚餐可以相对地多吃一些碳水化合物含量高的食物，比如五谷杂粮。

综上，要想获得好的精力，我们就要少吃多餐，让自己的血糖水平尽可能地保持稳定。

原则二：吃低糖、综合营养质量指数高的食物

营养质量指数，又称营养素密度（Nutritional Quality Index，NQI），在国内，也有人把它叫成INQ（Index of Nutrition Quality）。

NQI值，就是营养素密度（食物里所含营养素占供给量的比）与热量密度（食物所含的热量占供给量的比）的比值。也就是说，如果食物里某营养素（无论是蛋白质、矿物质，还是纤维素、维生素）含量越高，并且所含热量越低，那么该食物的NQI值就越高。

NQI值为我们评价食物提供了一个很好的指标，它兼顾了营养和热量两个维度。毕竟，我们现在大多数人其实在日常生活中身体并不需要过多的热量。如果某食物NQI值等于1，即它的营养素密度和热量密度是相同的，那么该食物还不错；如果其NQI值小于1，就说明它的营养素含量其实比较低，但是它所含热量非常高，这种食物就不适合吃。以蛋白质含量为例，猪肉的NQI值是1.17，香蕉的是1.5，而鸡蛋的是2.6。

但NQI的使用有一个很大的问题。因为每一种食物都含有很多的营养素，比如蛋白质、纤维素、各种维生素、铁、铜、锌、镁，等等，所以从严格意义上讲，同一种食物在每一种营养素上都有自己的NQI。我们在比较两种食物时，不可能列一个表来比较所有成分的NQI值。那么，有没有一种方法能够让我们进行综合比较呢？

答案是肯定的。美国耶鲁大学的研究者针对这个问题，开发了一个叫作"综合营养质量指数"（以下简称ONQI）的体系。顾名思义，ONQI就是对食物中各种营养素的NQI值做加权而得出的值。我们可以将多种食物的ONQI按照从小到大的顺序进行排列，这样就能一眼看清，哪些食物是营养高、热量低的食物（见表4-1）。

表4-1 各类食物的ONQI

ONQI	食物		ONQI	食物	
100	深绿叶蔬菜	甘蓝\芥菜\莴苣（牛皮菜）\西洋菜\菠菜\芝麻菜	18	鱼	
95	其他绿叶蔬菜	长叶莴苣\白菜\卷心菜\球芽甘蓝\芦笋\花椰菜\青豆\雪豆（荷兰豆）\绿豆	15	脱脂奶\蛋\野生禽肉	
50	非绿色营养丰富蔬菜	甜菜\茄子\蘑菇\洋葱\小萝卜\豆芽\红色或黄色甜椒\菊苣\花椰菜\番茄\菊芋\生胡萝卜	8	全脂奶	
45	新鲜水果	草莓\蓝莓\其他的一些浆果\李子\梅子\橘子\甜瓜\猕猴桃\苹果\樱桃\梨子\葡萄\香蕉	6	红肉\精制谷物	
40	豆类	扁豆\菜豆（四季豆、芸豆）\白豆\赤豆\黑豆\豌豆\日本毛豆\鹰嘴豆	3	奶酪	
30	坚果类	瓜子（向日葵籽）南瓜子\芝麻\亚麻籽\杏仁\腰果\开心果\核桃\山核桃\榛子	1	精制油	
25	多色彩的含淀粉的蔬菜	胡桃和其他南瓜\红薯\玉米\萝卜	0	含糖食物	曲奇饼\蛋糕\糖果\苏打点心
20	全麦\白土豆	老式的燕麦\大麦\糙米和野生稻\荞麦\小米\荞麦\面粉\全麦面包\白土豆			

下面简单总结一下日常食物的ONQI的特点。

（1）ONQI最高的食物是深绿色的蔬菜，如菠菜、西兰花、芝麻菜。

（2）其他新鲜的蔬菜、水果、豆类、坚果的ONQI是比较高的。

（3）加工过的食物，尤其是饼干、薯片之类的食物，ONQI很低。

（4）白米、白面、甜食基本上全都是高热量、低营养食物，这些食物的ONQI比较低，所以我们要尽可能少吃。

原则三：多喝水，让身体有充足的水分

人体的70%是由水组成的，大脑中的水分更是高达80%。很多人在感到疲劳的时候，其实并没有真正地进入疲劳状态，而这种疲劳的感觉是身体缺水的信号。

比如，我们在夏天很热的时候出去走了走，出的汗比较多，就会觉得头晕或者疲惫。在那时，你可能还没有觉得口渴，就已经有疲劳感了，其实这是缺水的表现。平时给身体补充大量的水分，可以减少因为缺水而造成的疲劳感。

我们要如何判断自己喝水喝得够不够呢？下面介绍两个方法。

第一，用你的体重数（以千克计算）除以32，所得出的数值就是你一天需要喝的水的升数。比如，我体重63千克，63除以32

约等于2，所以我大概一天需要喝2升水，也就是说，我要喝4瓶500毫升的矿泉水。

第二，根据你的排尿量来判断。如果你每隔一两小时都会上厕所，而且尿的颜色比较清亮，那说明你喝了足够的水。如果你半天都没有排尿，而且每次排尿的时候，尿的颜色都非常深，那说明你摄入的水是不够的。比如，我们每天早上起来上厕所的时候，尿的颜色非常深，这是因为我们晚上好几小时都没有补水，身体是缺水的。

你可能会问："喝饮料（比如咖啡、茶或者可乐）对于提高精力水平有没有帮助？"

有医学研究证明[2]，咖啡、茶和可乐含有的咖啡因确实会让人的大脑兴奋。如果咖啡因的摄入量不是太大，那么对身体一般也是没有危害的。

美国国家卫生研究院认为，每天的咖啡因摄入量在400毫克以内是比较安全的。这个摄入量相当于4杯（共800毫升）左右的咖啡的咖啡因含量，或者10瓶（共5000毫升）左右的可乐的咖啡因含量。我们一般人每天喝不了这么多，所以不用特别担心。

但是，需要注意的是，很多人在喝咖啡和茶的时候喜欢放糖，而且可乐也含有很高的糖分。对此，你要非常小心，因为摄入过多的糖，会让人体的胰岛素水平快速地上升，导致人容易进入疲劳的状态。

所以我的建议是，如果喝咖啡，最好就喝黑咖啡。另外，你可以把"加糖"换成"加牛奶"。如果你实在喜欢喝可乐，就喝无糖的可乐。

饮食有节制，健康长寿精力好

现代人的很多病其实都是吃出来的。吃太多有什么危害呢？

第一，过剩的营养素会堆积在身体里，容易让人患上慢性病。比如，摄入过多的糖，人就容易患上糖尿病；摄入过多的油脂，人就容易患上高血脂；摄入过多的盐，人就容易患上高血压；摄入过多的嘌呤，人就容易患上痛风。第二，人体在消化过多的食物的过程中，会产生过量的氧自由基。人体好比是一座锅炉，就像烧煤一样，可以通过燃烧食物来产生热量。但烧煤的过程会产生烟，从而污染环境。氧自由基就好比是人体代谢产生的"烟"，它是有害物质，会攻击人体细胞，使人体细胞产生病变（包括癌变）。

所以对现代人来说，少吃点儿是很有必要的。那么，我们怎样才能做到饮食节制呢？这里有两个要点：一是控制饮食的数量；二是控制食物的种类。

日本冲绳岛上的渔民每次在吃饭之前都会说："Hara hachi bu"。这句话的意思是，吃饭只吃八分饱，即吃饭要有节制。我国民间也有句俗话"若要身体安，三分饥和寒"，说的也是这个道理。

　　关于食物种类选择的一个最重要的观念是，不以主食为主，而以蔬菜和豆类为主。简单来讲，这个观念就是，不要就着菜吃一大碗米饭或馒头，而应该主要吃新鲜的蔬菜和豆类，适当吃点主食和肉类。

　　为什么饮食要以蔬菜和豆类为主呢？

　　首先，蔬菜和豆类的营养非常丰富，热量相对较低，不容易使人发胖；并且它们含有较多的纤维素，能够缓解饥饿；另外，深色的蔬菜里含有大量的维生素C和维生素E，维生素C和维生素E是非常好的抗氧化剂，这些抗氧化剂可以保护我们的细胞不受氧自由基的伤害。人之所以会得癌症、肿瘤、心血管疾病，通常都是由于氧自由基的攻击。所以常吃深绿色蔬菜对人体健康非常有益。

 延伸阅读4-1

氧自由基

　　氧自由基是健康长寿的杀手，其危害主要表现为破坏细胞膜的结构和功能，破坏线粒体，断绝细胞的能源，毁坏溶酶体，使细胞自溶。氧自由基的化学性质是很活跃的，能够攻击细胞膜上的脂肪酸，产生过氧化物；过多的活性氧自由基会导致人体正常细胞和组织损坏，从而引发多种疾病。

在饮食上，我们还需要注意一点，那就是要少吃糖和盐。我们要特别注意的是，除了甜品和糖，我们吃的很多含淀粉的食物（如白米饭、白面、馒头、花卷、红薯、山药）虽然口味不甜，但会在体里产生很多葡萄糖。少吃糖也包括少吃所有含淀粉的食物。

前文提到，控制饮食的数量和食物的种类是饮食节制的两大要点。为了方便大家记忆，我把这两大要点编成了一个顺口溜：

"蔬菜豆为主，蛋白主食辅，每餐八分饱，不甜不咸好。"

📝 要点回顾

在本章中，我讲了怎样通过合理的饮食来改善自己的体能和精力。选择吃什么，你就是什么。在饮食上，我们要做到以下3点。

（1）少吃多餐，将3顿饭变为5顿，让血糖水平更稳定。

（2）要吃综合营养质量指数高的食物。换而言之，我们要多吃绿叶蔬菜、新鲜的水果、含高质量蛋白质的食物，少吃白米、白面、饼干、甜点等。

（3）多喝水，每天要补充的水的升数约为体重数（以千克计算）的1/32。

第5章

睡眠：睡得好，才能更有效率

从睡眠开始，优化你的人生效率。

——尼克·利特尔黑尔斯（Nick Littlehales）

《睡眠革命：如何让你的睡眠更高效》

很多都市白领在白天像陀螺似的连轴转，到了晚上却像烙饼似的辗转反侧、睡不着。

一到入睡时间，白天工作的繁忙和生活的琐碎全都涌入脑海。大脑在最该休息的时候，反而像一台高速处理器一样，处理着各种各样乱七八糟的琐事，"睡觉"的指令怎么也贯彻不了。久而久之，睡觉便成为一种负担。很多人虽然知道不少关于睡眠的知识，但还是睡不好。

出现上述情况，很多人会怀疑自己的体质就是睡不好的体质，在提高睡眠质量上"自暴自弃"。事实上，睡不好大多是由错误的睡眠习惯和心理因素造成的。只要改正了错误的睡眠习惯，改善了不良的心理状况，就会拥有好睡眠。

你不一定需要"早睡早起"或"睡足8小时"

关于睡眠，影响范围最广、最深的误会就是"早睡早起"。

难道早睡早起不好？当然不是，早睡早起肯定是健康的生活习惯，但不是每个人都适合早睡早起。从睡眠的角度而言，人类本身就分为"百灵鸟"和"猫头鹰"两种类型，即分为早睡早起型和晚睡晚起型。目前并没有医学证据表明，早睡早起和晚睡晚起对身体的影响有什么差别，关键的区别只在于睡眠质量。

但为什么人们总说"早睡早起身体好"？这可能跟现代绝大多数机构都是早上八九点上班有关。要到这些机构上班，早起的人会更从容，自然会占优势，所以无形中给大家增加了压力，让大家认为早睡早起才是正确的作息规律。

另外一个关于睡眠的误区是，"睡眠时间不足8小时就是睡眠不够"。

很多人都以8小时作为标准睡眠时长，睡不到8小时，就觉得自己睡眠时间不够，这种观念其实欠妥。

"8小时"是根据很多人的睡眠时间统计而得的一个均值。就好像人的身高一样，假设中国男性的人均身高1.7米，这并不代表只有身高1.7米的男性才是正常的。所以每天睡8小时并不是我们每个人都需要的。有的人睡四五个小时就能精神抖擞，有的人睡10小时才能精力充沛。合适的睡眠时长是由每个人的基因和生理条件决定的。

如何才能拥有好睡眠

睡眠周期图

20世纪初，德国医生贝格尔（Berger）发明了脑电图，实现了用电极记录人的大脑的电活动。这让人们发现，晚上的一整觉是由好多"小觉"组成的。我们所说的"睡一觉"，其实经历了4～6个这样的"小觉"，"小觉"也叫作睡眠单位。每个睡眠单位主要分为3个部分：浅睡眠、深睡眠、快速眼动睡眠（Rapid Eye Movement Sleep，REMS）。

我们躺下睡觉，会先进入浅睡眠，然后逐渐进入深睡眠。在深睡眠时，人就不再有任何的意识，很难被叫醒。之后，人会进入快速眼动睡眠，这时，大脑接近清醒状态，眼球会快速地运动。在快速眼动睡眠期，大脑活动是非常快的，人们很容易从睡眠中醒来，大多数梦也是在这个阶段发生的。下面这张睡眠周期图所展示的睡眠过程，很像坐滑梯的过程（见图5-1）。在这张图中，睡眠由浅入深，对应的是线从上滑到下。每晚我们大概要经历4～6次"滑梯"过程。

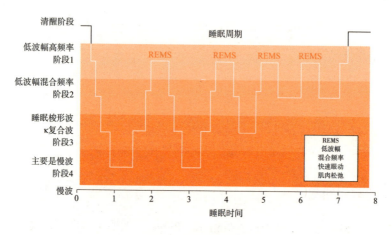

图5-1　睡眠周期图

　　玩过滑梯的人都知道，滑得顺畅需要两个条件：一是动力足够大；二是阻力足够小。睡眠也有类似规律。下面我将从两个方面告诉大家，如何"顺畅"地进入睡眠。

增加睡眠动力

找到适合自己的睡眠时长，尊重睡眠节律

　　前文为大家解开的两个关于睡眠的误会，实际上分别和睡眠时间、睡眠节律相关。如果你睡7小时就会很清醒，那么适合你的睡眠时间就是7小时；如果晚睡晚起更让你觉得精神饱满，那么你就适合猫头鹰型的节律。

　　那么，如何才能找到适合自己的睡眠时间和睡眠节律呢？方法很简单。你可以找个比较休闲的日子，按照自己喜欢的方式安

排一天的生活，比如出去走一走、逛逛公园、看个电影、做个按摩等，让自己放松下来，不要做特别刺激或者有挑战的事。然后，你需要注意，自己在晚上什么时间点开始觉得困倦，就在那个时间点上床睡觉。入睡时，你不要给自己任何的压力，然后睡到自然醒，最后记下这个节律。

找到这个节律以后，你要尽可能地按照这个节律作息。按节律作息最重要的两点是：在早上同一时间起床，并且醒来后就立即起床，绝不赖床；晚上一定要感觉困了再上床，不困就不要上床。所谓"早点上床""早点休息"其实都是不对的，在不困的时候上床，人就会翻来覆去睡不着，这不但会浪费时间，降低睡眠效率，还可能给人造成心理压力和产生焦虑心情。

晒太阳

很多女孩子怕晒黑皮肤，因此对于阳光，能躲就躲，出门基本上都要戴墨镜、打遮阳伞。要知道，医学发现，女性中有睡眠障碍的人的比例要大大超过男性中有睡眠障碍的人的比例，这可能跟女性不愿意晒太阳有一定的关系。

晒太阳，特别是早上晒太阳，对于促进睡眠非常有用。阳光可以进入我们的视网膜，让人产生视觉信号。视觉信号通过视神经传递到下丘脑，刺激下丘脑合成更多的褪黑素和血清素，这两种激素都能促进睡眠。美国有研究发现，在办公楼里上班的员工，坐靠窗位置（能晒到太阳）的员工，比坐在非靠窗位置（晒不到太阳）的员工，平均每晚能多睡40分钟。

然而，晒太阳会加大患上皮肤癌的概率。为了兼顾皮肤健康和睡眠质量，我们应该怎样合理地晒太阳呢？答案是，尽可能避免在10:00～15:00晒太阳，因为这段时间紫外线比较强烈。对在中国大多数城市生活的人而言，以春天和秋天为例，每天在10:00前或15:00后有10～15分钟的日晒就比较合适。另外，就算是阴天，你在户外接收的阳光也比在屋子里接收的阳光强烈几倍。所以有条件的人一定要去户外晒太阳。

多做运动，尤其是有氧运动

运动时，人的体温会升高，并且这种较高的体温会维持好几个小时，随后，体温下降会促进睡眠；运动时，人的身体会分泌很多的激素，帮助人体舒张血管、缓解人的焦虑感，有助于人的大脑放松；运动时，细胞会产生更多腺苷，腺苷是细胞代谢的副产品，腺苷积累多了，人就会觉得困。

知道了如何增加睡眠动力，下面，我们来学习如何正确减少睡眠阻力。

减少睡眠阻力

在进入正题之前，我们先了解什么样的状态最有利于睡眠。我们的祖先日出而作、日落而息，这种作息习惯符合现代医学上所谓的"昼夜节律"和"内生平衡节律"。

在昼夜节律和内生平衡节律的调节下，人体内某些化学物质会按照昼夜的变化和人觉醒的时间长短有规律地分泌，引起人的困倦和觉醒。这不是由个体几十年的习惯决定的，而是由几十万年前人类祖先的生存状态自然决定的。例如，褪黑素的分泌量会在夜晚来临后增多，天亮后减少；而只要人在醒着的时候，腺苷都会持续分泌，逐渐积累。这些机制被自然选择筛选出来，通过遗传基因固化到的身体里，对身体的影响力超乎我们的想象。你只有了解和适应它，才能真正掌控它。

近年来，人们工作、生活和休息的界限越来越模糊了。回家以后，人们可能还在想着工作的事，甚至打开电脑继续工作；人们也没有固定的娱乐时间，甚至是上了床才开始看视频或者打游戏。晚上本应该是让人心情放松的时候，让人可以慢慢地从睡眠的滑梯上滑下来的时候，如果人们在滑梯的起点放了太多的东西，阻力太大，就没法滑下去。

下面，我们将从认知疗法的角度，帮助大家"移除"睡眠前的阻碍，成功进入睡眠滑梯。

设置"防火墙"

在晚上，我们要有意识地在工作或娱乐和睡觉之间做一个隔离，设定一个"防火墙"，或者通过做一些有仪式感的事，让自己安静下来。什么样的事才有仪式感呢？

散步是有仪式感的事情。散步时，你可以做一些呼吸练习，就是边散步边调整自己的呼吸，让呼吸变得顺畅，从而让自己的心情平静下来。除了散步，你还可以试试冥想、打太极，或者简单做一些睡前小事，包括泡脚、泡澡、敷面膜等。读书或者听书也是不错的。这些有仪式感的事，会把睡眠滑梯的出发点打磨得非常光滑，让人能快速地进入深睡眠。

放松反射

放松反射是哈佛大学医学院教授赫伯特·本森（Hebert Benson）医生发现的。赫伯特·本森医生曾经是一名心脏病专家。他最初在研究冥想练习者血压降低问题时发现，放松反射可以让人快速地放松，心率下降，甚至可以让人的耗氧量下降10%、高压下降10毫米汞柱、低压下降6毫米汞柱，降血压效果非常显著。长期练习放松反射，能治疗高血压、失眠、焦虑症甚至慢性疼痛。

在生理上，放松反射与应激反射具有相反的效果。应激反射是人类面对威胁和风险时的自然反射，会让人体分泌大量的肾上腺素。在工作紧张、压力大的情况下，应激反射被持续激发，人到了晚上也放松不下来。这时，我们就需要人为地启动放松反射。

启动放松反射主要有两个关键点：一是"思想工具"，它可以是一个词、一句话，或者呼吸本身；二是"被动的态度"，我们不要担心做得好不好、别人怎么看，聚焦在自己选择的思想工具上就好。

放松反射过程其实很简单。我们可以找一个安静的地方坐下来，闭上眼睛，随便想一个词；然后在之后的10分钟内，一直循环默念这个词。在这个过程中，我们一定会走神，想到其他的东西。但没关系，一旦我们发现走神，就说一句"哦，走神了"，再把注意力转移回原来的词，一直持续10~15分钟。

别对睡眠要求太高

很多人都有过这样的焦虑：别人都能睡八九个小时，自己只能睡五六个小时，怎么办？自己每天都睡不够，影响工作、学习怎么办？如果总在凌晨3点醒过来，怎么办？

对睡眠有要求，可能反而让人睡不好。这听起来有些反常理，但实际情况的确如此。很多慢性失眠患者对自己的睡眠质量过分关注：刚开始，他们可能是为工作、学习、人际关系而感到焦虑，从而影响了睡眠；后来，他们又因为对睡眠质量特别关注，焦虑的对象就变成了睡眠本身。他们往往是越担心睡不好越睡不好，越睡不好越担心，于是进入了死循环。

要想打破这个死循环，就需要降低对睡眠的要求。我们可以给自己一个暗示，比如暗示自己：睡几个小时都行，困了就睡，不困就去做别的事。我们不要把睡眠当作一种压力。我们可以把钟表放得离床远一些，否则在睡不着的时候，看到时间越来越晚，心里会更焦虑，人会更睡不着。

创造合适的卧室环境

哈佛大学的研究者做过一个关于小鼠睡眠的实验。他们把小鼠随机关在两个笼子里，观察它们睡眠时间的差别。这两个笼子的其他环境因素都一样，唯一的差别是一个笼子比较脏，另一个比较干净。结果发现，被关在干净的笼子里的小鼠睡眠时间更长，而被关在脏笼子里的小鼠表现出更多的警觉性和焦虑感，睡眠时间更短。我们可以从中推断，睡眠环境，即"卧室"环境，对人的睡眠的影响也非常大。

关于卧室环境的布置，我们要注意视觉、触觉、听觉、嗅觉、味觉这5个方面。

（1）视觉。在人睡眠期间，卧室的光线要尽可能暗，尤其要避免蓝光。蓝光对褪黑素分泌影响最大。很多家用电器，比如空气净化器、电脑、手机屏幕等都会发出蓝光。因此，我们在睡前要把它们关掉，让卧室的光线尽可能暗。如果我们不得不开一个小灯，也最好选择橘黄色灯光的灯。

在选择卧室窗帘时，我们可以选择比较厚的窗帘，甚至可以挂两层窗帘。这样能够阻挡大量的室外光，从而减少光对睡眠的干扰。

（2）触觉。美国睡眠医学学会推荐的最适宜睡眠的环境温度是18～22℃。但这个温度对大多数人来说是略低的，将环境温度调到22～25℃会让人比较舒适。

另外，身体的接触，比如按摩、爱抚，都对睡眠有极大的帮助。身体的接触能够激发大脑分泌催产素。催产素是一种能让人觉得愉悦、被爱的激素，能让人的身体更放松、更容易入睡。

（3）听觉。如果卧室无法保持完全安静，那么我们不妨尝试设置"白噪声"。白噪声其实是一个比喻，就是像白色一样的声音。而白色是由各种颜色均匀混合而形成的颜色，白噪声就是由各个频率的声波均匀混合而发出的声音。大自然早就合成了很多白噪声，比如水声、风声，或者下雨和大海潮汐的声音。白噪声因为混合了各频率的声音，所以能够屏蔽一些不规律的噪声，有助于人们放松心情，更快地进入睡眠。

（4）嗅觉。我们可以为卧室增添一些自然和清新的气味，从而让大脑放松。比如，熏衣草的香味，能帮助人安眠、安神，因此，我们可以在卧室中用熏衣草精油做香薰。

（5）味觉。食物与睡眠也有关系。一方面，胃肠道是人的第二大脑，消化道中也存在丰富的神经网络；另一方面，色氨酸含量相对高的食物能帮助人们更好地入睡。色氨酸是一种氨基酸，能在体内通过一系列反应参与合成褪黑素。褪黑素是调节睡眠节律的重要物质，因此，多吃一些色氨酸含量高的食物，能够让睡眠的动力更足。色氨酸含量高的食物包括豆类、小米、酸奶、海产品等。

关于午睡

很多人都有午睡的习惯。人在13:00～14:00确实会出现不清醒的状态，其表现就是犯困。但很多人又担心白天睡多了，晚上睡不着。那么我们到底该不该睡午觉？

首先，我们需要明白午睡的作用——弥补睡眠时间，而非提高睡眠质量。有一个词语叫"睡眠效率"，它被用来评价人们到底睡得"好不好"。睡眠效率是用晚上睡着的时间除以在床上躺着的时间得到的百分数。比如你23:00上床，24:00睡着，第二天早上6:30醒过来，赖床到7:00才起来，那么你睡着的时间就是6.5小时，躺在床上的总时间是8小时，6.5除以8的结果是81%。

好的睡眠效率应该达到90%以上，如果你的睡眠效率不高，第二天就尽量不要午睡，因为午睡会减少睡眠动力，从而导致你第二天晚上依然睡不好；而如果你晚上的睡眠效率已经很高，但偶尔睡不够，第二天犯困，那么你可以通过午睡来缓解困乏。

其次，我们需要注意，午睡的时间不能太长，一般20～30分钟即可。如果午睡超过30分钟，人就容易进入深睡眠状态，这时，人被叫醒后反而会更加困乏。如果你午睡过后还是觉得困，可以尝试一个小窍门：用肉眼盯着蓝天看1～2分钟，尽可能地睁大眼睛，让蓝光尽可能多地进入眼睛。前文说过，蓝光会刺激视神经，能进一步刺激下丘脑，影响褪黑素的分泌，从而抑制人产生困意。

改善睡眠的微习惯

上述改善睡眠的方法简单易行，但坚持实行并非易事。所以，我们需要从"微习惯"入手，一步一步地改善睡眠。

在培养微习惯时，我们可以把想养成的一个习惯简化成一个动作，一个小得不能再小的动作，一个不可能会执行失败的动作。然后，我们将这个微习惯/动作坚持至少3周，以养成一个新的习惯。比如做运动，坚持每天跑步半小时或许很难，但每天坚持做一个俯卧撑很容易，因为做一个俯卧撑很简单，只需要5秒。恰恰是这样不起眼的运动，比如每天一个俯卧撑这样的"微习惯"，很可能能让你养成坚持运动的习惯。

我将改善睡眠的"微习惯"总结为一句口诀："每天一二三，睡眠就改善"。意思是"早上同一时间起床，白天晒太阳两分钟，睡前做三件事。"

第一，早上同一时间起床（周末也不例外）。这非常重要，很多人觉得自己在工作日非常辛苦，因此可以在周末睡懒觉，这其实不好。因为人的大脑在睡眠节律上不会对工作日和周末进行区分。要形成固定的睡眠节律，需要我们每天早上都坚持在同一时间起床。

第二，白天晒两分钟太阳。为什么是两分钟？这是为了让大脑不会觉得有压力。晒太阳两分钟，人人都可以做到。我们可以在户外晒晒太阳、做做活动。户外的活动和日照，不但能够让我们在白天更加精力充沛，还能够极大地促进晚上的睡眠。

第三，睡前做三件事：一是把窗帘拉好，将房间光线调暗，避免蓝光；二是把房间的温度调到22～25℃；三是让自己有意识地放松，比如看一看书、做一做冥想或练习放松反射。

睡眠占我们一生1/3的时间，让这1/3的时间度过得更有效率，是一笔很划算的投资。通过有意识地改善睡眠，哪怕我们最终每天能多睡5分钟，也将获得很大的收获。

 要点回顾

在本章中，我们认识了"睡眠周期图"，从增强动力和减少阻力两个方面学习了关于获得高质量睡眠的方法，了解了自身条件和外部环境均会对睡眠产生影响。凉爽、昏暗的环境有助于睡眠，平和的心态和放松的心情也会减少睡眠阻力。

要改善睡眠，我们可以从"微习惯"做起："早上同一时间起床，白天晒太阳两分钟，睡前做三件事。"只要我们坚持下来，就能够提高睡眠质量。

第6章

疾病管理：预防消磨意志的职场病

不要以为自己健康，就忽视卫生与养性，必须居安思危，还要注意预防诸病。

——英国哲学家弗朗西斯·培根（Francis Bacon）

前面几章讲了如何通过运动、饮食和睡眠来改善体能。本章将要介绍这一切的基础——尽可能地保持健康。

　　健康是一切的基础。如果身体不舒服，体能、精力一定大打折扣。你肯定有过这样的经历：仅仅头痛或者胃痛，就会让你觉得身体非常虚弱，难以集中精力和注意力。

　　职场是一个特殊的环境，是为了达到特定的职业目的（比如生产、销售某些产品）而组织员工进行活动的环境。这个环境可能会给健康带来一些风险。在很多快速发展的现代企业中，员工工作的时间长、压力大，再加上缺乏健康知识和方法，出现慢性疾病的情况屡见不鲜。在美国，这一类与职场相关的医疗问题有一个专门的学科——职场和环境医疗（Occupational and Environmental Medicine）。

我参与创办的杏树林私人医生团队，为很多企业提供了企业医生服务，预防和处理了很多职场医疗问题，在这个过程中积累了不少的经验。根据杏树林的服务案例统计，最常见的五大类职场病分别是：因为长时间静坐、身体的姿势不当所导致的腰颈肩疼痛；因为吃得多、运动得少导致的代谢相关性疾病；与消化道相关的常见疾病，比如胃痛、胃反酸、便秘等；诸如过敏性鼻炎、过敏性皮疹、食物过敏、接触性过敏等过敏性疾病；几乎每个人都患过的感冒。这些疾病的诊断和治疗大部分需要医生的帮助。

本章主要来谈谈，如何有效地预防职场病、减轻职场病症状。

做好3件事，预防腰颈肩疼痛

你可能会发现，身边越来越多的同事都有程度不一的肩颈问题，很多人二三十岁就患有腰椎间盘突出、颈椎病。很多公司还为员工配备了按摩师，定期为员工理疗。为什么现在这么多人的颈、肩、腰、背都出现了问题呢？这其实跟前面提到的基因和环境的变化不匹配有关。

在进化的过程中，人类形成了适应于直立行走的身体结构。人类脊柱S形的生理弯曲结构为行走提供了合理的支撑，背部、颈部和腰部的肌肉也是用来支撑脊柱的。

但现在大部分时候，人们是坐着办公的。长时间坐着可能会给脊柱带来4个不良影响：一是，不正确的坐姿会让肌肉长期处于紧张、僵硬的状态，很容易造成肌肉性疼痛。就像让你用手举哑铃一样，举的次数太多，你的肌肉一定会疼。二是，长期静坐时，背部肌肉得不到锻炼，久而久之，就会由于用进废退规律而萎缩，无法支撑脊柱。三是，很多不自然的姿势（比如长时间低头看手机）会给脊柱带来过大的压力。四是，久坐时运动量少，人的体重很容易增加，从而给脊柱带来更多的负担。久而久之，这些问题就会损害腰椎、颈椎。

要想预防这些疾病，做好以下3件事很重要。

第一，保持正确的姿势。正确的姿势有以下几点要求。

（1）平视电脑，而不是低头看电脑。如果你用的是笔记本电脑，那么你可以用电脑支架把电脑架高，将下巴微微往回收，就可以让视线和电脑屏幕齐平。

（2）腰部不能悬空或者弯曲，我们可以在腰的后面放一个靠垫，就可以自然地靠在垫子上。

（3）双手的手肘可以放在桌上或者椅子上，让大臂和小臂呈直角。

（4）膝盖要自然弯曲成直角，或者是让膝盖的位置更高一点。比如，你可以在脚下面加一个脚凳，这样能够避免大腿由于血液循环不顺畅而发麻。

（5）如果有条件，你可以考虑静坐和站立交替办公，也就是站一会儿，坐一会儿。站立的时候，你看电脑屏幕的视线也应该是水平的（见图6-1）。

图6-1　坐姿示意图

第二，要维持正常的体重。 因为如果体重过大，骨骼和关节的负荷会大大增加，更容易出现磨损。

这个道理非常简单。你可以想象一下，如果有两根一模一样的晾衣竿，一根晾衣竿上挂了几件衣服，而另一根挂了十几件衣服，后者的负荷会比较重。所以维持正常的体重对于你的脊柱、腰背都非常重要。

我们前面讲过如何保持正确的饮食和运动习惯，只要做到这两点，维持正常的体重并不难。

第三，要锻炼背部的肌肉，增强它的力量和弹性。体重过大会给你的关节带来负荷，但是如果你背部的肌肉很发达，则能帮助你减轻脊柱的压力，更好地保护脊柱。

在这里，我推荐一个锻炼颈椎的有效方法，叫作"米字操"。米字操的操练方法是，让头围绕脖子做类似于"米"字的练习，朝前、后、左、右、斜左、斜右方向运动，好像在空中写"米"字一样。它非常适合在工作的间隙进行（见图6-2）。

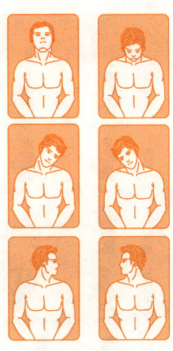

图6-2　米字操示意图

广州南方医院脊柱骨科对此还专门出了"颈椎疾病功能锻炼操"（见图6-3）和"腰椎疾病功能锻炼操"（见图6-4），我们在办公室就可以完成上述操练。职场人士可以把这些图复印出来，并将其贴到工位上，经常练习，达到"有病治病，无病预防"的作用。

需要注意的是，在锻炼的次数和强度上，我们需要循序渐进，并且尽量不要在相关部位发僵、疼痛的急性期开展锻炼，否则会加重症状。

颈 椎 疾 病 功 能 锻 炼 操

前后点头

将颈尽量向前伸、停留3~5秒，再向后仰，停留3~5秒，前后交替进行。

左顾右盼

头向左转90°，停留3~5秒，再向右转，停留3~5秒，左右交替进行。

手头相抗

双手交叉紧贴脑后，用力顶头颈，
头颈向后用力，互相抵抗3~5次。

颈项争力

左手放在背后，右手手臂放在胸前，手掌立起向左平行推出，同时头部向右看，保持3~5秒，左右手交替进行。

旋头舒颈

左右，前后，360° 旋转3~5次，再反方向旋转3~5次，交替进行。

旋肩舒颈

双手置两侧肩部，掌心向下，两臂先由后向前旋转3~5次，再由前向后旋转3~5次，交替进行。

温馨提示：

1. 本锻炼操适用于颈椎扭伤疾病（如颈椎病、颈椎间盘突出症、颈椎管狭窄等）的辅助治疗与康复期功能锻炼；健康人锻炼也有较好的预防与保健作用，无论是在办公室、家里、会议期间、旅行中，都可以随时随地进行锻炼。

2. 锻炼的次数和强度要因人而异，应循序渐进，每天可逐渐增加锻炼量。如锻炼后次日感到颈部酸痛、不适、发僵等，应适当地减少锻炼的强度和频度，或停止锻炼，以免加重症状。

3. 锻炼体位多为站立位或生位，每天锻炼2~3次，每次选1~2个方法，每个方法可做6~8遍，反复进行，每次锻炼时间以8~10分钟为宜。病情较重的患者，应在医生指导下进行。

图6-3 颈椎疾病功能锻炼操
图片来源：广州南方医院脊柱骨科

腰 椎 疾 病 功 能 锻 炼 操

飞燕点水

俯卧，以胸腹为支撑点，将头、腿上举，胳膊后伸，形似飞燕点水。

直腿抬高

仰卧，双膝伸直，抬起左/右大腿，动作轻松稍快，不引起疼痛为度，维持3~5秒，左右腿交替进行。

空中蹬车

仰卧，双膝屈膝上举，左右脚交替向空中踩蹬，类似蹬车活动。

抱膝屈髋

仰卧，双手抱单膝、屈髋。尽量让膝关节向胸前靠拢，以感觉有坐骨神经牵拉为宜。

五点支撑

仰卧，去枕屈膝，双肘尖贴床，肘关节屈曲60° 将腰背臀抬起，持续3~5秒。

温馨提示：
1. 本锻炼操适用于腰椎损伤性疾病（如：腰椎间盘突出症、退行性腰椎病变、腰椎管狭窄、腰椎滑脱、强直性脊柱炎等）的辅助治疗与康复期功能锻炼。健康人锻炼有较好的预防与保健作用。
2. 锻炼的次数和强度要因人而异，应循序渐进，每天可逐渐增加最大量。锻炼时不宜突然用力过猛。以防因锻炼而伤及腰。这是一种静力性的训练，只需缓缓用力即可。如锻炼后次日感到腰部酸痛、不适、发僵等，应适当地减少锻炼的强度和频度，或停止锻炼，以免加重症状。
3. 锻炼体位多为仰卧位，每天锻炼2~3次，每次选1~2个方法，每个方法可5~8遍。反复进行，每次锻炼时间以8~10分钟力宜。病情较重的患者，应在医生指导下进行。

图6-4 腰椎疾病功能锻炼操
图片来源：广州南方医院脊柱骨科

另外，游泳和平板支撑两项运动非常适合腰椎、颈椎不好的人。游泳不但可以锻炼肩背部的肌肉，而且热量消耗非常大，有助于减轻体重。平板支撑对核心肌群以及脊柱稳定性的训练都非常好，而且可以随时随地进行。

如果你的腰背痛、肩颈痛症状比较严重，且已经持续一段时间，那该怎么办呢？在什么情况下，你必须去医院就诊呢？

大多数时候，你可以尝试通过冷敷或热敷来减轻症状。一般来讲，如果在急性期，就是刚开始疼的时候，你可以选择冷敷；如果在慢性期，就是症状已经持续了很长时间，肌肉变得僵硬且活动起来不太舒服的时候，你可以考虑热敷。

此外，对于缓解腰背痛、肩颈痛症状，按摩也会有一定的效果。

但是如果你的四肢出现了一些症状，比如手麻、脚麻、放电式的疼痛，甚至身体出现了排尿困难或排便困难，伴有发热或者体重的降低，这种情况持续两周都没有好转，你就需要立即去医院就诊。

吃得多，动得少，小心代谢相关性疾病

代谢相关性疾病是什么呢？代谢相关性疾病是由于体内蛋白质、脂肪、碳水化合物等物质的代谢紊乱所导致的病理状态。这在生活中很常见，肥胖、肚子大、高血压、高血脂、高血糖，甚至是高尿酸，都属于这一类疾病的症状。这类疾病最常见的原因，就是吃太多、运动少。

你可能会认为，身边很多人都有上述症状，这是人到了一定的年龄或多或少都会出现的毛病，不用太重视。但实际情况是，代谢相关性疾病在初期可能没有症状，也不妨碍人的日常生活，但它的后期危害非常大。

如果一个人的代谢出现了紊乱，那么他最后患上心脏病和糖尿病的风险是正常人的很多倍。有研究发现，冠心病的风险比与血浆胆固醇含量呈阶梯式递增关系。比如，血浆胆固醇高（含量大于264毫克/分升）的人在6年内因冠心病死亡的风险是血浆胆固醇水平较低（含量小于167毫克/分升）的人的4.13倍[1]（见图6-5）。

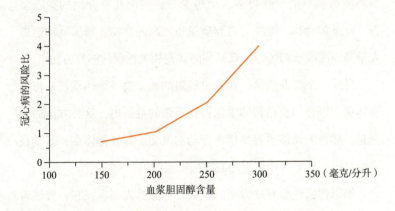

图6-5　血浆胆固醇含量与冠心病的风险比的相关性

　　另外，肥胖是糖尿病、冠心病、中风、结直肠癌、绝经后妇女乳腺癌等疾病的主要危险因素[2]。和体重指数（Body Mass Index，BMI）小于24的人比起来，BMI大于26的人患2型糖尿病的风险增加了2.33倍[3]。

　　代谢相关性疾病还会影响人的大脑供血，降低人的脑力水平和精力水平。2005年和2012年的两篇高质量研究文章表明：体重指数越大的人，其海马体的体积越小[4]，海马体的功能也会受到损害[5]。而海马体是人脑里负责短期记忆和注意力的部位。

　　所以，从医学角度来讲，在某种程度上，越胖的人的海马体萎缩得越快，记忆力和注意力也越差。在西方，有医生把肥胖叫作"恐龙综合征"，意思是身体越胖，海马体越小且容易"灭绝"。

　　应对代谢相关性疾病的方法其实并不难。这种疾病最常见的发病原因就是的"吃得多，动得少"。前面几章介绍的少吃多餐、吃低糖食物、吃综合营养质量指数高的食物、每天运动、做大量高强度间歇训练等，都是预防代谢相关性疾病的好方法。

　　另外一个好办法是，在家里显眼的地方放一个体重秤，每天称体重，以督促自己将体重保持在正常的范围内。这种方法的原理是，频繁的反馈更容易带来行动的改变。每天称体重，就是在提醒自己，要努力让体重控制在标准范围内。

　　如果你已经患有这方面的疾病，那么首先要重视它，并试着改变自己的生活方式。必要的时候，你还要去医院的内分泌科就诊，做详细的评估，看看是否需要药物治疗。

伺候好消化道，因为它是你的"第二大脑"

除了腰颈肩疼痛和代谢相关性疾病，痔疮、胃痛等消化道的疾病也是职场人士的常见病。我们在做企业医疗服务的时候，常常会遇到关于这一类疾病的咨询。

痔疮虽然不是什么大病，也非常常见，但痔疮患者会有出血的风险。我自己就见过患者因为痔疮出血，血色素含量降到了60克/升，相当于把全身一半的红细胞都丢掉了。

患痔疮最主要的原因是久坐、便秘、长期的站立，造成肛门附近的静脉曲张。所以要预防痔疮，最主要的方法就是规律地运动，比如游泳、跑步；另外，还要吃粗纤维含量高的食物，比如蔬菜。还有一个比较有效的方法，那就是用温盐水坐浴。盐水有一定的渗透压，能够起到消肿杀菌的作用，让肿胀的静脉缩小体积，减轻症状。

如果痔疮已经比较严重，有频繁便血、出血的情况，那么，我建议患者去医院的普通外科或者肛肠科就诊；如果保守治疗没有效果，患者也可以考虑手术治疗。但为了确保不复发，这类患者还需要科学饮食并坚持运动。

另一类常见的消化道症状，包括胃痛、胃胀、反酸、胃灼热等。这与患者的饮食不规律、饮食结构不合理，以及压力大、精神紧张都有关系。还有一个重要的病因，那就是幽门螺杆菌的感染。

这里首先介绍幽门螺杆菌导致的慢性胃炎和胃溃疡。幽门螺杆菌是一种螺旋形的厌氧菌，目前是已知的能够在人的胃里面生存的唯一一种微生物。1983年，澳大利亚的两位科学家罗宾·沃伦（Robin Warren）和巴里·马歇尔（Barry Marshall），首先从一个慢性活动性胃炎患者胃粘膜活检标本中发现了它。这两位科学家因此获得了2005年的诺贝尔医学奖。

幽门螺杆菌感染会导致很多胃部症状，比如胃痛、胃胀、反酸、嗳气（俗称"打饱嗝"）。它有两个特点。一是传染性很强，可以通过唾液传播。所以，平时和被幽门螺杆菌感染的人一起吃饭、接吻，都有可能感染幽门螺杆菌。二是能够致癌。大多数胃癌患者的病因，都是幽门螺杆菌长期的慢性感染。

如果你有上述胃部不适症状，那一定要去做幽门螺杆菌检查。常见的检查包括呼气实验，如果结果是阳性，就要去看消化科医生，看看是否需要治疗。绝大多数幽门螺杆菌感染者经过1个月的治疗，是可以痊愈的。所以如果你感到胃部不适，一定不要讳疾忌医，或者乱吃保健品，而是要去医院做幽门螺杆菌检查。

除了幽门螺杆菌造成的消化道症状之外，饮食不规律、暴饮暴食或者精神紧张还容易造成急慢性胃肠炎。

先说饮食不规律。现在大家都很忙，加班、晚睡、吃外卖食品基本上成了常态。很多人还有睡前吃夜宵的习惯，第二天早上起来不吃早餐，直接吃午餐。这样看起来，人在一天摄入的食物总量没有多大的变化，但其实对消化道的影响很大。

饮食时机不当，会造成胃酸分泌异常。如果你吃夜宵，就会在晚上分泌特别多的胃酸，你躺下后，身体从直立变成平躺，容易发生胃酸反流，从而灼伤喷门和食管。而你早上起来不吃早饭，白天空腹时间过长，分泌的胃酸没有被食物中和，也容易造成胃酸对胃黏膜的刺激。长此以往，这种习惯就容易造成胃病和胃痛。

另外，紧张、压力大也可能会导致消化道症状。你是否有过这样的生活经历：当工作不顺心、精神紧张的时候，或者在与别人争吵之后，你往往茶饭不思，没有食欲；生气时甚至会出现腹痛、腹胀、胸闷、气喘等症状，我们常常听到像"气都气饱了"之类的话，说的就是这种情况。

在解剖学上，我们发现人类的消化道和大脑神经系统有千丝万缕的联系，因此把消化道称作人的"第二大脑"。比如，流行病学研究发现，压力大、情绪不稳定的人，消化道溃疡的患病率会明显提高。

所以，即使你工作很忙，也不要忘了按时吃饭。养成准时吃饭的习惯，就是在保护自己的胃肠道。

吃晚餐不要太晚，也不要太多，最好不要吃夜宵。如果你没有足够的时间用来吃晚餐，比如你需要长时间开会或者登台演讲等，你也要准备一些优质零食垫一垫肚子，比如，我自己就会准备坚果、水果和酸奶。对于胃肠道不好的人，酸奶是很值得推荐的零食。但是现在很多酸奶都不是真正的酸奶，而是类似于酸奶的饮料，添加了很多的凝胶和糖，这都不好。我建议你选择纯天然、不含食品添加剂的酸奶。你可以看看它的配料表，如果配料表中只有牛奶和益生菌两种原料，那么这种酸奶就是纯天然酸奶。

过敏千万条，防护第一条

过敏也是困扰职场人的一大疾病。尤其是在春天，柳絮、杨絮漫天飞舞，让很多易过敏体质的人不堪其扰，打喷嚏、流鼻涕、流眼泪、皮肤发红发痒等症状大肆爆发。

过敏是人体免疫系统对原本无害的外界刺激产生的不当反应，常见症状包括喷嚏、流涕、鼻塞，常伴有眼部瘙痒、发红、流泪。有的过敏性疾病呈季节性发作，其过敏原多为植物花粉；有的常年存在，过敏原以尘螨、宠物皮屑多见。常见的过敏性疾病有过敏性哮喘、过敏性鼻炎、过敏性皮炎，以及食物过敏（如海鲜过敏）和药物过敏（如青霉素过敏）。

下面，我们就针对两种常见的过敏性疾病，聊一聊它的成因和应对方法。

第一种是过敏性鼻炎。过敏性鼻炎又称变应性鼻炎(或变应性鼻–鼻窦炎)，其症状是阵发性喷嚏、鼻溢、鼻塞，常伴有眼部、鼻部和腭部瘙痒。其他症状包括后鼻滴涕、咳嗽、容易生气及疲劳。过敏性鼻炎并不罕见，儿童和成年人患病率为10%～30%。

根据过敏成因的不同，过敏性鼻炎可以分为季节性变应性鼻炎和常年性变应性鼻炎。从名称上，我们很容易就能看出，前者是有季节特征的（例如每年春天都会出现），后者是没有季节特征的、全年时不时都有的。

具有季节特征的过敏性鼻炎通常每年都会发病，它主要是由树木、野草和花粉引起。其症状出现的时间可被预测。

而没有季节特征的过敏性鼻炎，往往是由室内的尘螨、蟑螂、霉菌孢子或动物垢屑引起的。由于这些过敏原都很微小，肉眼很难看见，因此症状的出现时间很难被预测。

那么，如何预防过敏性鼻炎呢？方法就是通过观察过敏反应并到医院做过敏原测试，识别过敏原，从而减少和过敏原的接触可能性。

如果你患有季节性变应性鼻炎，那么可以采用以下防护手段：多待在室内；外出时尽量戴口罩；关闭车窗或房间窗户，使用空调进行换气；就寝前进行淋浴，以冲掉头发和皮肤上的花粉。除此之外，你还可以在症状出现前的1～2周使用抗过敏药物来预防症状的发生。

常年性变应性鼻炎的预防，也是通过减少接触来完成的。例如，如果你对尘螨、霉菌孢子过敏，就要经常更换旧的枕头、毛毯和床垫；使用尘螨过敏原无法透过的枕套、被套和床垫；经常清洗床上用品；降低环境湿度；经常在家中吸尘和除尘。此外，你还要去除其他灰尘蓄积处，如旧地毯、旧家具、旧窗帘或挂帘。如果过敏原是动物皮屑，那么你可能要将动物带离家中，并彻底清洁或移除旧地毯、家具和窗帘。

当然，过敏原肉眼难辨，因此，哪怕我们非常小心谨慎，也难免中招。如果你有轻度的过敏性鼻炎症状，就可以用干净的温盐水来冲洗鼻腔。用盐水冲洗鼻腔，可以清洁鼻腔内部，并清除鼻腔中的花粉等过敏原，从而减轻症状。这种做法几乎无风险，并且效果好，一般一天进行1~2次就可以。一般在药店，你就可以购买到洗鼻器和盐水，非常方便。过敏性鼻炎患者可以将其作为常用药品常备。如果上述做法无法减轻你的症状，那么你可能就需要去医院就诊。

第二种常见的过敏性疾病是过敏性结膜炎。眼部瘙痒是过敏性结膜炎的突出症状，可能伴有眼睛发红、眼睑水肿、有烧灼感等表现。针对这一症状，我们可以自己进行基础的眼部护理。护理要点如下。

（1）冷敷，这有助于减轻眼睑水肿和眶周水肿。

（2）不要揉眼，否则可能导致症状加重。

（3）停止使用隐形眼镜。

（4）全天候频繁使用经冷藏的人工泪液，这有助于稀释和去除过敏原。

别让感冒影响你的生活

对前面几种职场病"幸免于难"的幸运儿，可能也难逃感冒的"魔爪"。很多人都得过感冒，一不留神就中招。感冒的难受劲儿让人避之不及。每到季节交替时，大家的关心问候都变成了"小心感冒"。由此可见，感冒的威力十足。

感冒一般分为两种：一种是普通感冒；另一种是流行性感冒。普通感冒是一种急性自限性上呼吸道感染疾病，其症状轻重不一，包括打喷嚏、流涕、咽痛、咳嗽、低热、头痛等。流行性感冒是一种由流感病毒引起的急性呼吸系统疾病，可表现为骤起的发热、头痛、肌痛，还可能伴有咳嗽、咽痛、鼻炎等症状。流行性感冒的症状较普通感冒更重，流行性感冒的传播范围更广。

谁都想远离感冒，我们应该在日常生活中养成良好的个人卫生习惯，预防感冒的发生，具体预防措施如下。

第一步，远离感染人群。这一步很简单。在流感爆发的季节，我们要避免去人多的场所，距离感冒患者2米以上才是安全的。

第二步，切断传播途径。对患者本人来说，咳嗽时要注意用纸巾或手绢遮掩口鼻，擤鼻子后要注意洗手。对易感人群来说，在公共场所应尽量戴口罩，要注意多洗手，要用肥皂或洗手液至少清洁20秒后再用流水冲洗。洗手之后，一定要把手擦干或烘干，因为湿润的手比干燥的手更容易传播病菌（见图6-6）。

将洗手液挤压在一只手的掌心上。

掌心相对，双手相互揉搓。

右手掌心放在左手手背上，手指交叉，相互揉搓；反之亦然。

掌心相对，手指交叉，相互揉搓。

双手轻合成空拳，相互揉搓。

一只手握住另一只手的大拇指旋转揉搓。

将一只手五指指尖并拢在另一只手的掌心处揉搓；反之亦然。

烘干双手。

图6-6 标准洗手方法
图片来源：世界卫生组织

在感冒时，开窗通风也十分必要。冬天天气寒冷，很多人不愿意开窗，这就会导致病毒消散的速度减慢。如果家有感冒患者，我们还是要注意保证每天的通风时间，一般为30分钟，并且最好选择空气比较干净的时刻，如10:00以前和15:00前后。

第三步，提高免疫力。提高免疫力的主要办法是加强锻炼，增强体魄。另外，良好的睡眠和愉悦的心情也有助于提高免疫力，从而帮助我们远离感冒。对于孩子和老人等易感人群，在冬季接种流感疫苗也是很好的预防策略。

如果你不幸中招，没关系，普通感冒是一种自愈性疾病，大多数人不用吃药也能恢复。但是如果你想要减轻症状，就要正确地服用感冒药。

📝 **要点回顾**

本章介绍了职场人士常见的五大类疾病，包括因为长时间的身体姿势不当导致的腰颈肩的疼痛，因为吃得多、动得少导致的代谢类相关性疾病，因为幽门螺杆菌感染或者情绪导致的消化道不适，因为过敏导致的鼻炎、结膜炎等过敏性疾病，以及几乎无人幸免的感冒。在大多数情况下，我们可以通过正确的方式对这几类疾病加以预防和治疗。欢迎你把本章知识分享给家人和朋友。

第3部分

心不累

要想让有限的精力产出最大化，最关键的一项技能就是把注意力聚焦在重要的事情上，心无杂念地把精力用在能产生最大产出的事情上。

第7章

情绪：缓解焦虑，预防情绪消耗

　　成功的秘诀就在于懂得怎样控制痛苦与快乐这两股力量，而不为这两股力量所反制。如果你能做到这一点，就能掌握自己的人生；反之，你的人生就无法被你掌握。

　　　　——安东尼·罗宾（Anthony Robbins），世界潜能开发大师

前文讲了精力构成金字塔模型的最底层——体能，并且从饮食、睡眠、运动和疾病管理这几个方面分析了提升体能的方法。

优质的体能让身体如同换上具有12缸引擎的汽车，功率很大；但一辆真正舒适的汽车不仅要性能好，内部空间也要安排妥当。这一章，我们来学习如何让"内部空间"更加舒适。其中，"内部空间"也就是精力构成金字塔模型的第二层——情绪。

很多人认为，情绪是外界刺激所导致的，人无法控制它。然而事实上，只要掌握方法并不断练习，我们就能做到情绪的自我掌控。就像体操运动员通过不断训练形成肌肉记忆一样，我们只要通过合适的训练，就能够自如地控制情绪。

关于情绪的3条定律

很多心理学家发现，关于情绪有3条重要的定律。

第一，人的大脑在同一时段只能存在一种主要的情绪。大脑就像一台电视，可以接收很多不同频道的信号。它可以播放恐怖片、悬疑片、喜剧片甚至爱情片，但一次只能播放一部影片。

你可能有疑问："有人会笑着流泪，这不是两种情绪同时存在的表现吗？"这种情况确实存在，但基本上是在两种情绪进行切换的时候才会出现。我们不妨思考一下，笑着流泪的状态能够持续很久吗？显然不能，最后要么是继续流泪，要么是破涕为笑。

第二，相比正面的情绪，人的大脑更容易产生负面的情绪。大脑并非不愿意让我们开心，实际上，这条定律是人类进化的一种选择。因为人类在进化的过程中，最重要的任务是活下来，而不是活得开心、活得幸福。

要活下来，就需要大脑产生一种保护机制，从而让人对危险和潜在的不确定性产生恐惧和担心的心理，比如，人对"损失"比对"获得"更敏感。所以，人在很多时候都容易产生一些莫名其妙的恐惧、焦虑、忧虑的心理，甚至是毫无缘由地爆发负面情绪，这些都是正常的。

第三，我们可以通过训练来控制情绪。打个比方，我们每个人手里都有大脑这台电视的遥控器，可以自行切换它的频道。美国著名心理学家芭芭拉·弗雷德里克森（Barbara Fredrickson）的研究发现，只有每天的正面情绪和负面情绪的比例大于3∶1，我们才能维持积极情绪的正循环，才不会掉进抑郁和焦虑的陷阱。

所以，你要保证自己每天的正面情绪的占所有情绪的3/4以上，才能保持乐观、积极的态度。也正因为如此，你需要对自己的状态有所觉知，并且主动切换情绪频道。遗憾的是，绝大部分人没有掌握这个方法。

📖 **延伸阅读7-1**

> **芭芭拉·弗雷德里克森**
>
> 芭芭拉·弗雷德里克森是美国北卡罗来纳大学杰出心理学教授，积极情绪与心理生理学实验室（Positive Emotions and Psychophysiology Laboratory，简称PEP实验室）的主任，是积极心理学、社会心理学和情感科学的领军人物。芭芭拉的研究主要集中在积极情绪和人类繁荣上，她的成果被广泛引用，这些成果就包括了《积极情绪的力量》[1]一书。在书中，作者为读者讲述了她20年中在积极情绪方向上的研究项目，以及积极情绪的建立及拓展理论。

> 2000年，由于在积极心理学领域的杰出贡献，芭芭拉获得了由美国心理协会颁发的"坦普尔顿奖"。坦普尔顿奖的影响力及奖金额堪比诺贝尔奖，每年只有4位在"精神领域"的研究中做出非凡成就的人才能获此殊荣。"积极心理学之父"马丁·塞利格曼（Martin Seligman）称她是积极心理学领域的天才。

情绪切换的2种方法

接下来，我来教你如何通过两种方法来切换自己的情绪频道。

方法一：改变身体姿势

众所周知，运动能改变大脑的活动状态。事实上，不只是运动，仅仅是身体姿势的改变，也会对情绪产生极大的影响。

一个很有名的例子是"神奇女侠姿势"。神奇女侠是漫威漫画里的著名人物，她有一个"高能量姿势"：把两只手叉腰放到胯骨上，两个胳膊肘向外，两脚分开，抬起头目视前方。这是一个看起来非常自信的姿态。《哈佛商业评论》的一篇文章解释说，保持这个姿势站2分钟，受试者体内的睾酮水平能上升25%。

睾酮又被称为雄性激素，能让人觉得更加自信、勇敢，更能应对挑战，所以也被称为战斗激素。你可以试着保持"神奇女侠"高能量姿势站1分钟，想象自己不怕任何邪恶势力、拯救世界的情景。1分钟后，你可以感觉一下情绪发生了什么变化。

与"神奇女侠"高能量姿势相对的是低能量姿势。你可以做一个低能量姿势，记下做完后自己的感觉。接着，你可以再按照神奇女侠的姿势站2分钟，再描述自己的感觉，看看不同的姿势对自己的感觉的影响有什么差别。

身体姿势不仅可以反映人的情绪，还会影响人的大脑，改变人的情绪。所以，当你不愉快的时候，你可以先试着改变自己的姿势。

方法二：热启动练习

第二个方法叫作热启动练习。它可以帮助你激发自己的正面情绪，让自己感到快乐、感恩、兴奋、坚定。

热启动练习是美国著名的人生教练安东尼·罗宾自创的一套方法。他不仅自己每天练习这套方法，还指导过很多名人。

📖 **延伸阅读7-2**

安东尼·罗宾

安东尼·罗宾是世界著名的潜能激励大师、成功导师。

20世纪80年代初期，他师从于潜能大师吉米·罗恩（Jim Rohn）并跟随其导师开始潜能激发的培训。后来，安东尼·罗宾开始开展巅峰能力培训，作为一个自我提升教练，他开始教授神经语言程序学（Neuro-Linguistic Programming, NLP）及埃里克森催眠学（Ericksonian Hypnosis）等。

1983年，安东尼·罗宾向极限体能大师塔利·布尔坎（Tolly Burkan）学习光脚走火，并开始将其纳入他的研讨会。其主要著作有《激发个人潜能Ⅱ》《激发无限的潜力》《唤起心中的巨人》《巨人的脚步》和《一分钟巨人》等，许多著作都被翻译成数十种译本。1993年，他被国际演讲协会（Toastmasters International）评为"全球五大演说家"。1994年，他获评杰出人类活动家与"布莱恩·怀特公正奖"。1995年，他当选为"美国十大杰出青年"。1995年，他被授予其最高奖项"金锤奖"。

热启动练习非常像运动之前的热身。我们可以想象，在寒冷的冬日出去晨跑，在最初10分钟，我们一定会非常难受；但是如果我们在家里做好热身，出去的时候就会感觉大不一样。同理，热启动就是帮助你的情绪进行热身的练习。如果你提前做好情绪热身，那么即使遇到再多的困难和挑战，你都能够积极地应对。

热启动练习包括以下5个部分：呼吸练习、感受心跳、回忆值得感恩的事、想一想值得改善和庆祝的事、想一想3个目标。

完整的练习需要15分钟的时间。

我每天坚持做热启动练习，因为它可以提醒我那些值得感恩、分享、庆祝的事以及我自己的目标是什么。这些都可以为我带来正面情绪。而当正面情绪被激发出来时，我就好像做了热身一样，更容易迎接挑战。

不要小看这个简单的练习。心理学家做了不少研究发现，我们在情绪上的微小差别，能够对我们的认知和判断产生巨大的影响。

美国耶鲁大学的研究者做过一个电梯测试。他们在电梯里随机选择了两组学生，让学生帮自己拿一下咖啡。两组实验唯一的差别是一组的咖啡是冰的，另一组的咖啡是热的。学生们从电梯里出来以后，被要求对同一组陌生人的脸进行好感度评分。结果发现，拿了热咖啡的学生对别人的好感度更高。这在某种程度上说明了，如果我们的身体热起来了，我们对别人的看法也会受到影响。

热启动练习会让我们回忆值得感恩的时刻，这是一个非常重要的部分。因为感恩是一种很积极的情绪，会让我们感到更幸福、更快乐。当你怀着感恩的心的时候，你是不会感到愤怒和抑郁的。

现在，我们已经学习了如何激发自己的正面情绪，掌握了情绪的遥控器。接下来，我们来谈一谈常见的负面情绪。只有了解负面情绪，我们才能有意识地减少它。

3招帮你缓解焦虑

对职场人士来说，焦虑和抑郁是最常见的两种负面情绪。每个人在人生的不同阶段都可能会产生焦虑或者抑郁的情绪。然而近几年，这两者的受关注度越来越高。这两者暴涨的发病率和激增的曝光度，使我们不得不正视它们。世界卫生组织2017年发布的一份报告显示，中国的抑郁障碍患病率约为4.2%，焦虑障碍患病率为3.1%，且两者诊断率预计不足20%。人们将会越来越重视自己的心理健康，因此，我们有必要来谈谈应该如何正确面对焦虑和抑郁。

首先，我们来谈一谈焦虑。

焦虑其实就是我们常说的担心或者害怕，是我们对危险和不确定性的一种正常反应。焦虑可以帮助我们对这个世界更加警觉，适度的焦虑不会影响我们的生活。然而，如果你的情绪常常处于焦虑状态，或者出现急性惊恐发作、莫名其妙的担心和坐立不安等现象，或者伴随着植物神经功能的失调，比如手抖、出汗、尿频、心悸或者运动性不安，那么，你可能患上了焦虑症，此时，你一定要去正规医疗机构就医。

如果你在一段时间之内都处于很焦虑的状态，那么可以采用一些方法来缓解这种状况。

第一个方法是启动放松反射。前文已经介绍了放松反射，这里不再赘述。

你或许听说过"应激反射"。应激反射是指应对刺激的反射，也叫"战斗反射"或"逃跑反射"。它是人类面对威胁和风险时的自然反射，会使人体分泌大量的肾上腺素和去甲肾上腺素，从而导致肌肉紧张、心跳加快，让人为战斗和逃跑做好准备。比如，你打开柜子，看到一只老鼠跑出来，你突然感觉很紧张，这便反映了应激反射；老板批评你一顿，让你觉得很紧张，这也反映了应激反射。在生理上，放松反射是应激反射的反面。平时，我们在工作紧张、压力大的情况下，应激反射被持续激发，导致我们到了晚上也放松不下来。所以，我们需要人为地启动放松反射。关于如何启动放松反射，请参见本书第5章的内容。

还有一个简单的、随时随地可以启发放松反射的方法，那就是放松呼吸练习。在练习中，我们要把注意力锚定在自己的呼吸上，让自己的精神更放松，注意力更集中。呼吸是人自带的一个天然节律器。专注于呼吸，人就能觉察自身的身体，并使精神状态放松下来。

需要注意的是，你在第一次做放松呼吸练习时，可能并不能够专注。但是没关系，你只要坚持一段时间，就会慢慢适应。一旦我们掌握了这个方法，就可以在生活中随时随地地使用，调整情绪会变得非常简单。

第二个方法是情绪标签法（mental noting）。如果你感到自己非常焦虑，焦虑感挥之不去，就可以试试通过给焦虑打上标签的方法来缓解这种情绪。

具体做法是，在内心对自己说："这个感觉就是焦虑，我焦虑的时候会觉得心跳加速、手掌出汗。"如果你能了解焦虑的感觉，那么你也就不那么焦虑了，因为你已经从这个感觉里抽离出来，并站在旁观者的角度观察它了。

第三个方法是把让你感到焦虑的事情写下来，并列出相应的对策。为什么把让你感到焦虑的事情写下来就能够减轻焦虑感呢？因为焦虑的发生常常有两个因素：一是过度专注，也就是我们常说的钻牛角尖，这需要我们转移注意力来解决；二是找不到解决的方法，心里很着急但又没有答案，导致焦虑泛化。

把问题写下来，能够让我们将注意力转移到纸上，而不是问题上。并且，即使列出的对策不完美，我们也能朝着解决问题的方向迈出一小步，焦虑感也会随之缓解。

2个技巧帮你预防抑郁症

职场上常见的负面情绪除了焦虑，还有抑郁。

与焦虑不同，抑郁主要的表现是情绪低落，感觉不到快乐，也没有生活的动力。严重的话，人可能悲观厌世，甚至产生自杀的想法。

其实，我们大部分人在遭遇失败或者挫折的时候，都会有过短暂的情绪低落状态；但一段时间之后，我们基本上就恢复了良好的状态。如果一个人抑郁的状态持续两周或两周以上，那么在临床上，他就可能被诊断为抑郁症患者。

有两个小技巧可以帮助大家预防抑郁症：一是怀有感恩的心态；二是保持运动的习惯。

其实，抑郁症的一个很重要的表现就是感觉不到快乐，而感觉到快乐最简单的方法就是培养感恩的心态。例如，公司给员工发了1万元，如果员工怀有感恩之情，就会觉得："在公司既能学习，还能挣到钱，真是太好了"；而没有怀有感恩之情的员工会觉得："我干了这么多活，公司才给我1万元，我太亏了。"同样的待遇，前者能感受到很多快乐，后者却觉得非常悲惨，差别就在于有没有怀有感恩之情。

另外，医学研究表明，运动对于抑郁症的治疗非常有效。所以如果感觉不开心，就积极地运动吧。第3章介绍了一些随时运动的小技巧，你可以把它们用起来。

很多人不太了解焦虑症和抑郁症，觉得它们非常可怕，不愿意去看医生。其实这两种疾病都是精神科最常见的疾病。全球有将近1/10的人都在一生中患过这两种疾病，医学上甚至把它们叫作大脑的"感冒"。所以，大家一定不要害怕它们。目前，这两种疾病的诊断和治疗都很标准，疗效也非常好，有相应症状的人一定要及时就医。

 要点回顾

情绪对每个人的工作和生活的影响不可小觑，而我们可以学着掌控它。运动可以改变我们的精神状态，一个小小的姿势同样也能影响情绪。另外，情绪就像汽车发动机中的火花塞，我们可以通过热身的方法点燃它。

当你遇到负面的情绪，尤其是焦虑、抑郁的时候，要记得人的大脑就像一台电视机，而你拥有遥控器，可以主动切换频道——可以使用放松呼吸练习、情绪标签法、运动、怀有感恩之情的方法来对抗负面情绪。

最后，我还想送给你一句话。这句话来自美国思想家爱默生，即"一个人对这个世界最大的贡献就是让自己幸福起来。"因此，掌握了情绪管理的能力，就掌握了让自己幸福的秘密。

第8章

注意力：进入心流状态，工作才高效

天才，首先是不知疲劳的、目标明确的劳动，然后是在一定的事物上具有集中注意力的能力。

——切列巴霍夫 《和青年谈读书》

在前几章中，我们介绍了精力构成金字塔模型的下面两层：体能和情绪，包括每天的饮食、睡眠、运动、需要注意的一些疾病，以及如何管理我们的情绪。接下来两章，我们谈一谈精力构成金字塔模型的上面两层：注意力和意义感。这两层都与精力的使用有关。

　　打个比方，精力旺盛的人好比是加满油的汽车，但有了车还不够，你还需要回答两个问题："要去哪""怎么去"。意义感回答的是"要去哪"这一问题，能帮助你确定你的最终目标；注意力回答的是"怎么去"这一问题，能让你在路上不开小差、不走错路。

　　如何高效地使用自己的精力，从而让精力的产生和使用形成一个正循环，这是一个非常重要的问题，也是我们可以通过训练而获得的一种能力。

注意力在哪儿，精力就流向哪儿

要想让有限的精力产出最大化，最关键的一项技能就是把注意力聚焦在重要的事情上，心无杂念地把精力用在能产生最大产出的事情上。英文里有一句话，叫作"Wherever focus goes, energy flows"，它的意思是，注意力在哪儿，精力就流向哪儿。

你可能会有疑问："现在，我们不是特别提倡多线程工作吗？能够同时应付好几件事情的人不是最高效的吗？你为什么说心无杂念、聚焦最重要？"

在这里，我想澄清一个观点：能同时处理好几件事，不一定就更高效。人的大脑有两类输出。第一类是事务性或者应付性的输出。比如，有人问你，下周二下午有没有时间见面；客户写邮件问你，有没有收到合同，有没有进一步的意见；对于这些问题，你的回答都属于被动性、事务性的输出。第二类是系统性、创造性的输出。比如，思考公司未来3年的战略规划，写自己全年的工作总结和述职报告，以及写这本关于精力管理的书的框架，都是系统性、创造性的输出的过程。

第一类输出的价值比较低，这类输出工作将来甚至很可能被人工智能机器所取代。第二类输出才是产生长远的价值的输出。多线程工作只能应付第一类输出，第二类输出需要持续、专注的工作状态。

因此，注意力跟时间一样，是你最重要的资源。你需要像保护自己的银行账户一样，保护你的注意力。

为什么注意力容易分散

了解如何集中注意力之前，我们先来看看，注意力为什么容易被分散。我先告诉你结论：缺乏刺激和过度刺激都会让人的注意力分散，一定强度的大脑刺激才能让人集中注意力。

你可以跟我一起想象下面两个场景。

场景一：上大学的时候，有一门课的老师在上课时总是对着教案念。基本上，对每节课的内容，看书就都知道了，因此，你完全没有必要去上课。你甚至知道了期末考试的知识范围。在课堂上，你放眼望去，同学们几乎都在睡觉，几个没睡觉的同学则在看闲书或者玩手机。你很想好好学习这门课，但是无论怎么努力，都无法集中自己的注意力。你的思绪还是不由自主地飘向了远方……

场景二：你在看电视时拿着电视机遥控器，虽然此时，电视里播放的是你平时喜欢看的节目，但你还是不停地换频道。虽然你觉得有些节目看上去还行，但总想看看别的频道还有没有更精彩的节目。1小时过去了，你对电视上播放的内容一点感觉都没有，你只是机械地换着频道，根本没办法集中精力。

现代心理学发现，注意力的集中状态和外界的刺激水平之间存在一种倒U形关系（见图8-1）。当刺激水平低，也就是大脑觉得无聊的时候，人很难集中注意力。在场景一中，老师的讲课毫无新意，课堂上也没有任何竞争性和不确定性因素，所以你的大脑很快会觉得无聊，注意力也无法集中。而当刺激过度，比如选择太多、切换成本太低时，比如在场景二时，大脑也会很快分散注意力。只有合适的刺激水平，才更容易让大脑集中注意力。

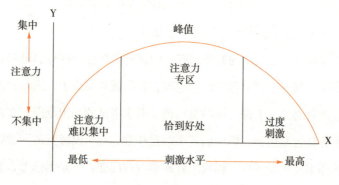

图8-1　倒U形曲线[1]

在图8-1中，Y轴代表注意力，从上到下代表注意力由集中到不集中；X轴代表刺激水平，从左到右表示受刺激水平由低到高。图8-1表明，曲线的两端处于缺乏刺激和过度刺激的状态，注意力水平都很低；而曲线的中心区受到的刺激恰到好处，注意力处于最佳状态，这就是所谓的"注意力专区"。不确定性的事件，会给大脑施加"刺激"：如果不确定性很小，注意力就难以集中；但如果不确定性过大，可能会诱发急性应激反应。

如何在工作的时候集中注意力

明白了刺激水平与注意力的倒U形关系，你可能会问，如何才能集中注意力呢？有两个方法：对于简单、重复的事，大脑容易觉得无聊，因此你要提高刺激的强度；对于太难或者太混乱的事，你要降低刺激的强度[2]。

提高刺激的强度

提高刺激的强度有两个方法。

第一个方法是人为地设定目标，提高挑战的难度。米哈里·契克森米哈赖在《心流：最优体验心理学》（*Finding Flow: the Psychology of Engagement with Everyday Life*）[3]这本书里举了一个非常经典的例子。美国底特律汽车工厂装配线上有一个叫麦德林的工人，他每天需要在43秒的规定时间内装配一种零件，每天必须重复600多次。按理说，这是一项非常枯燥的工作，一般人很快就会觉得无聊。但麦德林把这份工作当作一个挑战，每次都争取提前一秒、两秒完成，不断挑战自己的极限。经过5年的努力，他可以在28秒内装配好一个零件。他不再是日复一日、重复动作的装配工，而是不断刷新自己最好成绩的运动员。就这样，明明是在做很枯燥的工作，他也能进入注意力高度集中的状态。

我自己也有类似的经历。我在读高三那一年，尝试过闹钟练习法，这个方法非常有效。它的基本原理和麦德林装配零件的原理很相似，就是找个闹钟，设定自己能完成模拟试卷的时间，时间一到，必须停笔，然后不断地挑战自己的记录。结果，我完成一张模拟试卷的时间，从100分钟，逐渐降低到80分钟、60分钟，最后，我甚至可以在45分钟左右做完一张高考模拟试卷。用这种速度去参加高考，结果当然不会太差。

第二个方法是及时给予反馈，形成PDCA循环（见图8-2）。尤其是有一定随机性的正反馈犒赏，会提高对大脑的刺激强度。举个例子，四川人很喜欢打麻将，有时候能聚精会神打12小时，甚至24小时。为什么麻将如此有吸引力？

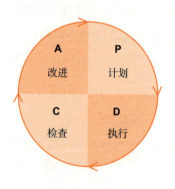

图8-2　PDCA循环

麻将跟别的让人上瘾的游戏一样，都能给人一种随机的及时犒赏。打麻将时，大家围坐一桌，胜负难料，所以有不确定性。打一场麻将耗时几分钟到十几分钟，然后高下立现。胜者在赢的那一刻会获得一个高强度犒赏：和牌的那一刻，人的大脑会分泌大量的多巴胺，从而产生一种愉悦感。

一些日常生活情景也可以说明及时犒赏的重要性。比如嗑瓜子，每嗑一个瓜子，我们就会立即得到犒赏，即吃到瓜子仁，所以我们会很容易一直嗑下去。你可以想象一下，如果让你用1小时嗑瓜子，然后把所有的瓜子仁堆在一起，你才能吃，那样的话，你会觉得很难有动力持续嗑瓜子，最重要的原因是犒赏不够及时。

你可能会想，工作很难像游戏一样能及时得到反馈吧。那应该怎么办呢？有一个办法，那就是在工作中设定尽可能清晰的目标，形成计划（plan）—执行（do）—检查（check）—改进（action）的循环，即PDCA循环。这个闭环可以不断给予自己和团队反馈，提高大脑刺激的强度。

📖 **延伸阅读8-1**

PDCA循环

PDCA循环是美国质量管理专家休哈特（Shewhart）博士首先提出的，由戴明（Deming）采纳、宣传，获得普及，所以又被称为戴明环。全面质量管理的思想基础和方法依据就是PDCA循环。PDCA循环的含义是将质量管理分为4个阶段，即计划、执行、检查、改进。在质量管理活动中，它要求把各项工作按照做出计划、计划实施、检查实施效果，然后将成功的纳入标准，不成功的留待下一循环去解决。这一工作方法，既是质量管理的基本方法，也是企业管理各项工作的一般规律。

1.PDCA循环的4个阶段

（1）P阶段，即计划阶段。在这一阶段，执行人要确定方针和目标，以及拟定活动规划。

（2）D阶段，即执行阶段。在这一阶段，执行人根据已知的信息，设计具体的方法、方案和计划布局；再根据设计和布局，进行具体运作，实现计划中的内容。

（3）C阶段，即检查阶段。在这一阶段，执行人总结执行计划的结果，分清哪些对了，哪些错了，明确效果，找出问题。

（4）A阶段，即改进阶段。在这一阶段，执行人对总结检查的结果进行处理，对成功的经验加以肯定，并予以标准化；对于失败的教训也要总结，引起重视。对于没有解决的问题，应提交给下一个PDCA循环中去解决。

以上4个过程不是运行一次就结束，而是周而复始地进行。一个循环能解决一些问题，未解决的问题进入下一个循环。多个循环呈阶梯式上升。

2. 实现PDCA循环的7个步骤

（1）分析现状，发现问题。

（2）分析质量问题中的各种影响因素。

（3）找出影响质量问题的主要原因。

（4）针对主要原因，提出解决的措施并执行。

（5）检查执行结果是否达到了预定的目标。

（6）把成功的经验总结出来，制定相应的标准。

（7）把没有解决或新出现的问题转入下一个PDCA循环去解决。

PDCA循环的管理模式，体现了科学认识论的一种具体管理手段和一套科学的工作程序。PDCA管理模式的应用对我们提高日常工作的效率大有裨益。它不仅可以运用于质量管理工作中，也适用于其他各项管理工作。

下面，我们说一说如何应对复杂的工作，聚精会神地解决较复杂或困难的事。

降低刺激强度

较困难的事刺激强度太高，会降低人的注意力水平。在这种情况下，我们需要降低刺激强度。这里也有3种方法能够降低刺激强度。

方法一，把复杂的任务拆解开，让每一个小的任务的难度适中。

当我们面临复杂问题或者难题的时候，因为刺激强度太高，大脑无法集中精力去解决，往往会产生拖延反应。很多人之所以有拖延症，是因为没有学会如何应对复杂和困难的任务。这些人一想到事情太麻烦，大脑就不由自主地将这些事情先放到一边，先去干一些更容易的事。直到最后期限来了，焦虑感增强，他们才会硬着头皮去做。

因此，对复杂问题或者难题，我们要做的是拆解问题，让每一个问题的难度都适当，从而让大脑觉得可以集中精力去解决它们。关于如何拆解问题的专业书籍，有不少。对此，我给你推荐的是《金字塔原理：思考、表达和解决问题的逻辑》[4]，它是麦肯锡的合伙人芭芭拉·明托（Barbara Minto）所著，你可以参考一下。

方法二，隔绝干扰信息，让大脑保持专注。信息社会的一个问题就是干扰信息太多，这些信息会增加对大脑的刺激，让人无法集中精力。所以我建议你在处理复杂问题的时候，要适度断网，隔绝外来的干扰信息。另外，你可能有这样的体会：当我们聚精会神地做一件事的时候，脑子里突然会冒出另外一件事，打断了我们的思路，但过一会儿，我们又想不起来这件事是什么。

之所以会出现这种情况，是因为大脑的潜意识像操作系统一样，一直在活动。偶尔会有一个小程序启动，"闯进"你的意识中。这时，你就需要一个"停车场"，来把这些想法放进去，留到闲暇时再处理，而不至于让这些想法打断你现在的工作。

关于清理信息碎片，我推荐一个App工具，叫作奇妙清单（Wunderlist）。你可以在里面设立一个菜单，并把它命名为"停车场"。它可以很便捷地帮你记录随时迸发的奇思妙想，也便于你以后闲暇的时候定期分类处理。只有及时地把碎片信息清理出去，大脑才能集中精力处理最重要的事情。

方法三，把最好的时间留给最重要的事。人的精力状态不是稳定的，而是波动的。因此，你需要每天锁定一段精力最旺盛的时间，并通过增强仪式感进入"心流"状态，把这段时间专门用于处理复杂和困难的事。并且，人的精力输出不是线性的、持续的，而是脉冲式的、短跑式的。精力虽然能集中，但是不会集中太长时间，通常只能集中45分钟~1小时。在学校上课时，每上45分钟的课就会有一个课间休息，就是这个道理。你在安排任务的时候，也可以利用这个规律，比如在每1小时的任务中间安排一项短暂的休息。

自我觉察：了解自己的注意力状态

上小节介绍了如何通过提高和降低外部刺激的强度让大脑回到最聚焦的状态，从而获得专注力。你可能会问："我怎么知道自己处于什么状态呢？"的确，如果你根本就不知道自己的状态，没有办法判断刺激水平是低还是高，你就没有办法采取行动，让自己获得最佳的注意力。因此，你要训练一种能力——自我觉察的能力。

自我觉察，是让自己站在"旁观者"的角度观察自己的行为，这可以让你对自己的需求更加明确。当我们在完成任务的过程中迷失方向，产生焦虑情绪时，就应该及时地进行自我观察。这时就需要我们"后退一步"，稍微忽略以往的经验，让自己的视野向外开拓，站在"导演"而非"演员"的角色来观察自己，并问自己："我在做什么？我为什么要做这件事？"

在此，我向大家介绍3种有效培养自我觉察的能力的方法。

第一，四角呼吸法（见图8-3）。当觉得精神恍惚或者极度兴奋的时候，你可以用四角呼吸法来控制自己的情绪。

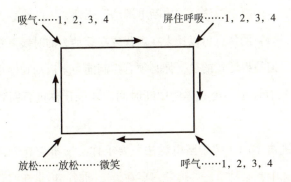

图8-3　四角呼吸法示意图

你可以先环顾四周，找到一个矩形的东西，比如一幅画、一扇窗、一扇门，等等。找到之后，你可以进行以下4步。

（1）看着左上角，深深地吸气并数1、2、3、4。

（2）将目光转到右上角，屏住呼吸并数1、2、3、4。

（3）再将目光转到右下角，缓慢地呼气并数到1、2、3、4。

（4）将目光定在左下角，默默对自己说"放松……放松……微笑"。

当你需要快速找回状态的时候，可以应用四角呼吸法。多重复几次这个方法，你就可以调整好自己的肾上腺素分泌水平。有意识地练习这个方法，你就可以放松下来，从而将目光从现在正在干的事中转移开来，重新审视自己的行为。

第二，中断电源法。"中断电源法"强调，人的注意力不是持续的，短暂的休息可以让人在烦躁或缺乏动力的时候重新保持注意力。但值得注意的是，你必须有控制能力来启动和停止这种方法。只有设定一个具体的中断时间，才能让你重新回到工作当中。

和逃避不同，"中断电源法"要求你必须事先有个自我承诺：在你中断某件事后，你一定要在设定的时间内重新回到这件事上，必须说话算数。

给自己设定一个中断时间很容易。无论是手机还是电脑，都有很多帮助你管理时间的工具。你可以用这些工具设置一个倒计时，增强自己判断时间的能力。

如果你很难在休息后重新进入工作状态，那么可以尝试先做自己感兴趣的工作，或者马上计划下次休息时你要做的事情，好让自己期待下一次"中断"休息。

通过中断电源法，你可以获得鼓励，从而顺利地进入工作状态。对于低刺激水平的工作，我们需要更多的中断休息。中断休息是有益的，当然，前提是中断休息是有意的、有策略性的、有时间限制的。

第三，对自己的状态好奇。无论忙于什么事，你都可以快速按下暂停键，问自己3个问题："我在做什么？""我为什么要做这件事？""我的注意力达到最佳状态了吗？"

这3个问题能够像体检一样，帮助我们快速检查自身的行为。比如有一天晚上，我试着玩了一下"抖音"App，我想看看从产品的角度，为什么抖音是一个让人放不下的产品。而在看了几个视频以后，我完全被里面有趣的内容吸引了，看得停不下来。眼看就要到睡觉时间了，我原来计划的事全都没有完成。我赶紧闭上眼睛，按下暂停键，问自己那3个问题。我立即意识到，我玩抖音的目的是想研究它产品设计的逻辑，而不是打发时间。我的注意力因为各种各样好玩的短视频而被"截获"了，我的注意力状态处于倒U形曲线的右边。

自我觉察是一项听起来简单，但却需要刻意练习才能形成的能力。只有觉察自身的状态，你才可能有机会做出改变。

要点回顾

本章主要介绍了精力构成金字塔模型第三层——注意力。精力就是能量，而注意就是靶子，只有集中的注意力，才能产生持久的价值。要让注意力集中，你需要记住倒U形曲线：刺激水平太低和太高，大脑都不容易专注。你的目标是让刺激水平适中，让注意力达到峰值。

要做到这点，你首先需要具备自我觉察的能力。因为只有了解自己的状态，你才能做出改变。对于刺激水平太低、有点无聊的事，你可以人为地设定新的目标，提高这件事的难度；或者通过PDCA循环及时给予反馈，把刺激提高至适中的水平。对于太难的、总想拖延的事，你要学会分解难题、排除干扰，降低刺激水平。当你能够熟练地调节自身的状态，掌控自己的注意力时，你离精力管理高手就更进一步了！

第9章

意义感：感觉很迷茫，
如何重建意义感

找到了意义感，你就能忍受一切痛苦。

——尼采

什么是意义感？我们先来想象一下，如果你是一位正在高速路上驾驶汽车的司机，但不知道目的地是哪里；如果你是一位航行在茫茫大海上的舵手，却没有灯塔来指明方向；那么毋庸置疑，你一定会觉得迷茫、恐惧、想要逃离。而意义感，就是我们前行时的路标、航海时的灯塔，可以为我们指明方向，让我们找到存在的理由。

意义感是前行的灯塔

如果人没有意义感，可能会发生什么事呢？

我最喜欢的一部电影叫《肖申克的救赎》，它讲的是20世纪40年代末，美国一名被人诬陷杀妻的银行家越狱的故事。电影给我留下深刻印象的人是一个配角：一位名叫布鲁克斯的老先生。他在监狱中度过了整整50年，可当他获得假释出狱后不久，便上吊自杀了。他在这漫长的50年中，逐渐割断了自己与外界一切事物的联系，习惯于监狱的生活。他觉得在监狱过得"还不赖"，自己在监狱里帮忙管理图书馆，是一个"有用"的人。

监狱给了他生活的轨道。从某种角度而言，监狱给了他生存的意义感。

当他出狱后，这层意义感消失了。对于外面的世界，他是完全陌生的，他的亲人也都不在了，他没有了监狱里的老朋友，新的意义感很难重建。因此失去意义感的他，在精神上陷入了无尽的茫然与绝望。他不知道自己要做什么，不知道自己有什么用处，也不知道自己该如何活下去，更不知道自己活着有什么意义。最终，他选择了上吊自杀。

同样经历了囚禁和出狱，著名心理学家、精神病学家维克多·弗兰克尔（Viktor Frankl）因为找到了生命的意义，拥有了截然不同的故事。

1942年9月，因为犹太人的身份，弗兰克尔及他新婚的妻子、双亲、哥哥、妹妹，全都被关进了臭名昭著的奥斯维辛集中营。

他的父亲因为饥饿死在波希米亚，不久之后，其母亲死在集中营的毒气室。他朝思暮想的妻子则于纳粹投降前死于德国伯根-拜尔森集中营。1945年4月，弗兰克尔在被美国陆军解救后才知道，全家人只有他和妹妹幸存了下来。

在痛苦如炼狱的集中营里，弗兰克尔观察到，大多数人经历了3个阶段。

在第一阶段，囚犯们的表现是惊恐。随着希望逐渐破灭，囚犯们先后出现了自杀的念头。同时，他们开始否定自己的前半生，意义感也随之消散。

在第二阶段，囚犯们的表现是冷漠。在这期间，他们的情感进入死亡状态。他们变得冷漠、迟钝、对任何事情都漠不关心。他们用冷漠包裹的外壳，来保护自己的心灵免受伤害。因为最痛的不是肉体，而是不公正和不可理喻对心理造成的伤害。由于前途渺茫，他们将所有的努力和感情都投入保全自己和他人的性命这件事情上。与此相对应，囚犯们的内心生活退步到原始水平，他们的希望和梦想只能在梦中表现。

在第三阶段，囚犯们在被释放后，集中营生活压力的突然消失会让他们道德出轨。弗兰克尔也经历了炼狱般的痛苦。但和绝大多数狱友不一样的是，他在这个过程中找到了活下去的意义："我的生命的意义在于帮助他人找到他们生命的意义。"这使他最终熬过了集中营的日子，并基于亲身经验开创了精神治疗领域划时代的创新疗法——意义疗法。意义疗法通过3个方面，帮助人找到生命的意义、找到活下去的理由。[1]

这3个方面具体如下。

（1）工作：通过做有意义的事来创造价值、服务别人。

（2）爱：通过体验自然、文化或另一个人的独特性来完善自己的生命。

（3）面对苦难时的态度：在忍受不可避免的苦难时采取的态度。

弗兰克尔提到，在集中营这种极端的生存条件下，人完全失去对于外部环境的掌控，唯一能够自己做主的就是自己的精神世界。"在外界刺激和人的反应之间，永远有一段距离。这段距离就是人类的自由。"

工作让我们负有责任，爱让我们感受幸福，而苦难赋予生命更深刻的意义。弗兰克尔不再质问生活的意义是什么，而是努力发现生命的意义。人的生命无法重来，所以每个人都有独特的使命要完成。他对生命赋予的使命感和意义感不仅让他自己走出了痛苦的深渊，还为心理学的发展以及千千万万在寻找生命意义的人做出了卓越的贡献。

此后，他对生命充满了极大的热情。

在离开集中营的第二年，他在亲友的帮助下，仅仅用了9天的时间，写出了记载集中营经历与意义疗法的名著《活出生命的意义》（*Man's Search for Meaning*）。这本书被美国国会图书馆评选为最有影响力的十本著作之一，全球销量已达1200万册。它被翻译成24种语言，感动了全世界数千万人。

弗兰克尔本人在67岁时开始学习驾驶飞机，并在几个月后领到驾照；他在80岁时还登上了阿尔卑斯山。

找到意义感的3种方法

找到生命意义的第一个途径就是工作。你可能会觉得好奇："我每天都上班，可为什么没有什么意义感呢？工作上的烦心事儿让我越来越烦躁，我恨不得周末和假期早点儿到来。我如何在日复一日的工作中找到意义感呢？"

其实，工作本身无意义，工作只是实现意义的手段。我们不能指望工作能自然而然地产生意义。流传甚广的3个泥瓦匠的故事，就能说明这个道理。

有人问3个正在砌砖的泥瓦匠："你们正在做什么呢？"

第一个人没好气地回答："你没看到吗？我们正在砌砖啊！"

第二个人心平气和地说："我们正在建一堵墙。"

第三个人喜气洋洋地说："我们正在建一座教堂，好让大家一起敬奉上帝。"

苹果公司创始人史蒂夫·乔布斯被认为是计算机业与娱乐业的标志性人物，是iPod、iPhone、iPad等产品的缔造者。他的职业生涯是一部关于硅谷创业的传奇史。乔布斯曾在斯坦福大学做过一个毕业演讲，他在演讲中说："你的工作其实将会占据生活的很大一部分。只有相信自己做的是伟大的工作，你才能够安然自得。如果你还没有找到这个东西，那你要继续去找，不要停下来，要全心全意地去找。当你找到的时候，你就会知道，你和它的关系就像任何一种真诚的关系，随着岁月的流逝，这种关系只会越来越亲密。所以你一定要去找，不要停下来。"他说的"伟大的工作"，其实就是人生的目标，或者生活的意义。

那么，我们如何通过工作找到生命的意义呢？

我们可以问自己4个问题。

第一，我擅长做什么？这里的"擅长"是指你做的真正具有优势的事情，并能够达到"做别人老师"的水平。

第二，我做的这件事服务于谁？

第三，他能从我的服务里得到什么？

第四，我的工作能够让他有什么不同？

例如，有一位特别优秀的医生曾加盟了我创办的 "杏树林"公司，她就是朱祖懿博士。她以前是北京协和医院的内科医生，也在约翰·霍普金斯大学读过书。她本来计划在美国考取医师执照，在美国行医。

后来，我跟她讲了杏树林要在国内开展家庭医生事业的想法。没想到，她第二天就乘坐飞机回来，并加入了我们的团队。朱博士的工作非常出色，很快成了我们的医学总监。

有一次我问她："创业风险那么大，给的报酬也不高，你为什么第二天就回来，并加入我们呢？"

她说："因为这件事有意义。如果我们能找到一条路，能够培养大量优秀的家庭医生，让家庭医生发挥更大的作用，能让患者得到更好的服务，这是一件多么有意义的事！我自己又擅长做这件事，所以我没有犹豫。"朱博士的回答就体现了这种生命的意义感。

还有一个例子是我看到美国一家著名医院——梅奥诊所的一段采访。在庆祝建院120周年时，主办方采访了医院的很多名员工。其中一个采访和医院住院部门的一名清洁工有关。这名清洁工人在谈到自己的工作时，很自豪地说："虽然我每天打扫很辛苦，但一想到自己的工作不仅能让医院更干净，还能通过为患者创造一个更好的环境，让他们更快地康复，我就觉得自己也是在帮助病人。所以，我很感恩有这样的机会，能让我在医院工作。"

弗兰克尔认为，人是由生理、心理和精神3个方面的满足而交互统合而成的整体。生理需求的满足使人存在，心理需求的满足使人快乐，精神需求的满足使人有价值感。

而这4个问题，就是在帮助你找到自己喜欢的、擅长的和别人所需要的这3样东西的交汇点。这个交汇点很可能就是你的使命，也就是你的意义感的来源。而这，恰恰也是满足心理需求和精神需求的源泉。

就像斯蒂芬·茨威格（Stefan Zweig）所说的："一个人生命中最大的幸运莫过于在他人生的中途、在他年富力强的时候发现了自己的使命。"

爱的意义

除了工作之外，实现生命意义的第二个重要的方法，就是爱。爱具有非凡的意义。

为什么爱能够帮助我们找到生命的意义？因为爱关乎生命的两种最重要的目标，即成长与奉献。只有成长与奉献，才能给人带来源源不断的快乐。

真正的爱能让人相互成就。爱是直达另一个人内心深处的唯一途径。只有在深爱另一个人时，你才能完全了解另一个人。通过爱，你能看到所爱的人的本质特征，甚至能够看到他潜在的能力，即他应当拥有而尚未拥有的能力。你还可以通过使他认识到自己的所能和应为，让他实现自己的潜能。夫妻之间的爱、父母对子女的爱、子女对父母的爱，从根本上都可以帮助对方成为一个更好的人，并在这个过程中让自己变得更好。

其次，爱是我们做出积极贡献的一种表达方式，是生命正能量的输出方式。爱的本质是一种能力、一种行动，不是一种感觉。当你去行动、服务、爱的时候，你就会获得爱的感觉，以及生命的意义感。

拿我自己举例，我以前听很多人说，在孩子很小的时候，爸爸很难体会父子/父女的感情。在我的女儿一岁之前，虽然家里有阿姨照顾她，但我还是很积极地参与照顾她的过程，包括喂奶、哄睡觉、换尿布、洗澡、讲故事、带她玩。在她一岁的时候，她的妈妈有段时间在泰国开会，于是，我在酒店里照顾她。在那几天，我们父女两人从早到晚在一起，我负责料理她的所有生活。虽然我很疲惫，但心里产生了一种强烈的爱的感觉。我看着女儿一天天长大，这种生命传承的意义感也会一天天增强。因此，当我们找不到爱的感觉时，就勇敢地付出和行动吧！

弗兰克尔说，爱不仅可以帮助所爱之人获得更高的成就，还能让人在帮助他人实现价值的过程中不断完善自我。爱允许我们将另一个人的人格当作整个世界来体验，我们也因此扩展了自己的世界。这种扩展，又何尝不是爱所带来的生命的意义呢？

苦难的意义

关于苦难的意义，相比国外的心理学家，我国古圣先贤的谆谆教诲更脍炙人口。《孟子》[2]中写道："天将降大任于斯人也，必先苦其心志，劳其筋骨，饿其体肤，空乏其身，行拂乱其所为，所以动心忍性，曾益其所不能。"苦难给了我们超越自我的机会。如果我们无法避免痛苦，那就勇敢面对它。

在遭遇苦难时，人往往会想："为什么不幸的人是我？为什么命运如此不公"，进而陷入自怨自艾的状态。事实上，每个人都会经历失败和困难，然而有的人一蹶不振，有的人重振旗鼓。

区别仅仅在于后者认为苦难是"降大任"的前兆，而前者认为苦难是坏运气的惩罚。

成功的人会从失败中发现对他有意义的正面信息，同时愿意承担失败的后果，进而整装待发，迎接新的机遇与挑战。弗兰克尔说："苦难、厄运和死亡是生活不可分割的组成部分；没有苦难和死亡，人的生命就不完整。接受命运和所有苦难，背负起十字架前行，为人提供了赋予其生命更深刻含义的巨大机会，即便在最困难的环境下，他仍然可以做一个勇敢、自尊和无私的人。"弗兰克尔本人也的确从苦难中获得了对他有意义的正面信息。如果他没有思考苦难的深层意义，那么他也无法超越苦难，重获新生，更无法成为伟大的心理学家和医生。

弗兰克尔记录过一名患者的故事。一位男士的妻子去世了，他非常悲痛，于是来找弗兰克尔咨询。他深爱着自己的妻子，不明白为什么上帝要让妻子先他而去，因此他在很长的时间里都无法从这种悲痛中走出来。弗兰克尔问他："你的妻子也同样爱你吗？"这位男士回答："当然。"弗兰克尔继续问："如果是你先于她去世，你的妻子也会如此悲痛吗？"这位男士想了一想，回答说，肯定会的。于是，弗兰克尔告诉他："你的妻子先你而去，让你承受这些痛苦的意义，就是为了避免她承受你正经历的痛苦。"由于接受了这一点，这位男士释然了。

所以尼采才说，找到了意义感，你就能忍受生命中的一切痛苦。

📝 要点回顾

　　意义感是航行的灯塔，是旅行的目的地，是持久精力的终极源泉。要想找到意义感，你需要找到什么是自己真正擅长并且爱好的事，还要想明白这件事对别人的价值，然后用爱去服务别人，同时完善自己。在不得不承受苦难的时候，你要用积极的心态去面对，将苦难看作成功的考验，并且在苦难中找到有意义的正面信息，以便下一次重新出发。

　　正如弗兰克尔所说，我们期望生活给予什么并不重要，重要的是生活对我们有什么期望。我们不应该再问生活的意义是什么，而应该像那些每时每刻都被生活质问的人那样去思考。生命最终意味着接受所有的挑战，自我完善，履行服务奉献这一巨大的责任。

第10章

行动清单：一表帮你科学管理精力

现实是此岸，理想是彼岸，中间隔着湍急的河流，行动则是架在川上的桥梁。

——克雷洛夫 俄罗斯著名的寓言家、作家

精力构成金字塔模型从下往上分别是由体能、情绪、注意力和意义感构成的。

前面几章，我们学习了怎样通过合理的饮食、高质量的睡眠、随时随地的运动，以及如何预防和治疗慢性疾病来提高我们的体能；我们也学习了怎样才能激发自己的正面情绪，以及当负面情绪发生时，我们怎么能主动地切换情绪；我们还学习了怎样找到自己的目标和生活的意义，以及如何专注在这个目标上。

最后，我要分享一张精力管理行动清单（见图10-1），它体现了我将精力管理的理论转化为具体落地的动作，基本上这也是我一天的安排。由于常年的坚持，清单上的事项已经变成我的习惯，我每天不假思索就会去做。你可以把它当作一个模板，适当地调整，创建适合自己的精力管理行动清单。

a) 晨间7件事	b) 睡前7件事
1. 唤醒自己的身体，回忆一下自己的梦。	1. 花几分钟做冥想。
2. 叠好被子。	2. 和早上刷牙一样，用不常用的那只手来刷牙。
3. 喝一大杯水。	3. 把第二天早上起床要喝的水准备好。
4. 刷牙时单腿站立，并用不常用的那只手刷牙。	4. 回顾一下今天的目标有没有完成。
5. 热启动练习，身体拉伸练习。	5. 回顾一下是否把时间都花在了最重要的事情上。
6. 把今天最重要的三个目标记在手机上。	6. 对明天的工作任务进行简单的准备。
7. 准备健康的、有营养的、低能量的早餐。	7. 读几分钟书，然后睡觉。

图10-1　精力管理行动清单

我的晨间7件事

早上起床以后的30分钟，我会固定做7件事。这会让我精力充沛、信心满满地出门。

第一，睁眼以后，我会在床上做一些简单的活动，包括用双手搓脸、梳头发、做简单的拉伸运动。这个过程可以帮助我热身，唤醒我的身体。我在做这些活动的时候，会回忆昨晚做了什么样的梦。因为人在做梦的时候，潜意识其实是在工作的。这时，一些好的创意、想法，就会从潜意识里产生。回忆自己做的梦，其实也是在激发自己的潜意识。

第二，我起床以后会用1分钟把被子叠好，并把床整理好。

很多人起床后都不叠被子，也不整理床。为什么我要花时间来干这件事呢？这对我来说有两个好处。第一，它给了我一个心理暗示：我马上就会完成一件事，我可以成就一件事；第二，我每天的工作环境和生活环境都是整洁有序的。

第三，我会喝一大杯温水，这杯水大概有600毫升，相当于一整瓶的矿泉水。

这一大杯水能够激活我的身体，同时补充水分，让我的头脑立刻清醒起来。因为在前一晚睡着以后，我们在七八个小时的睡眠中是没有喝水的，其实身体是处于缺水的状态，所以起床后补充大量的水分能够激活身体。

第四，我会用自己不常用的那只手刷牙。用自己不常用的那只手，可以帮助我激活大脑中不常用的那块区域。因为我是右利手（即习惯使用右手的人），所以我会用左手刷牙。同时，我会让两只脚轮流进行单腿站立。

第五，我会做热启动练习和身体拉伸练习。这可以让我的身体和心灵立即活跃起来。这大概要花10～15分钟的时间。在这段时间里，我会感恩那些令我高兴的事，并且能够不断地提醒自己当下和未来的目标。

第六，我会在手机上把今天最重要的3个目标记下来，并想象完成这3个目标之后的那种快乐。

第七，我会准备一些比较健康的、营养含量高但是低热量的早餐。

比如，在做早餐时，我会把全麦麦片、坚果、蓝莓和酸奶拌在一起，或者把很多的新鲜蔬菜、水果打成汁，或者打一些豆浆。而包子、馒头这一类热量特别高的食物，就不在我的早餐范围内。

这7件事如果做得快，大概只需要半小时。完成之后，你会觉得自己的身体已经完全活跃起来，你会以良好的状态、充沛的精力去应对一天的活动。

我的工作日安排

做完晨间7件事，我的一天就正式开始了。

在去办公室的路上，我会提醒自己今天最重要的3件事是什么，并且仔细地策划如何完成这3件事。

到达办公大楼，我通常会选择走楼梯而不是坐电梯的方式到达办公室。到了之后，我会立即开始做这3件事，而不会打开邮箱或者微信，去被动地回复。

从最重要的事情开始做，每工作45分钟，我会休息5～10分钟，在休息期间，我会做一些体能训练，或者在办公室里走一走。

吃午饭的时候，我会有意识地选择中午吃什么。我吃饭的顺序一般是先吃大量的蔬菜，比如吃整整一碗青菜；然后吃一些蛋白质含量高的食品，比如鸡胸肉、鱼肉；最后，如果还没吃饱，我会再补充一点碳水化合物含量高的食品，比如米饭或面条。

我的午饭以大量的蔬菜和蛋白质含量高的食品为主，碳水化合物含量高的食品为辅，所以午饭以后，我不会特别困。

午饭过后，我会到楼下走一走，打一打电话，或者整理当天工作的进展。我一般都会边走路边打电话，以增加自己的运动量。

下午，我仍然会每工作45分钟就休息5～10分钟。一般在下午工作时间，我要参加比较多的会议，所以我会在会议的间隙进行一些小幅度的运动。比如，我有时会站着开会，或者在开会的时候做一些简单的拉伸运动。

我也会在下午工作的间隙打开我的奇妙清单，回顾自己已经做完哪些事情，并把它们划掉，思考还需要安排哪些事情。而每次在进入设定好的45分钟的工作循环时，我就不用思考自己还要做什么，只需要专注去做。

在下班之前，我会复盘当天的工作情况，看看早上定的目标是不是已经完成。如果还有没有完成的，我就会考虑是把它带回家接着做，还是第二天再接着做。

我的睡前7件事

晚上睡觉之前，我还会做7件事情。它们和晨间7件事是相对应的，会让我得到更好的休息。

第一，我会花几分钟做冥想，让自己安静下来。

第二，我会和早上刷牙一样，用不常用的那只手来刷牙。

第三，我会把第二天早上起床要喝的水准备好。

第四，我会回顾一下自己今天的那3个目标有没有完成。

第五，我会花一点时间看一看日程表，看看自己是不是把重要的时间都花在了重要的事情上。

第六，我会对第二天的工作任务进行简单的准备，看看有没有一些需要注意的事情。

第七，我会把自己要看的书放在床头，上了床以后，我会读几分钟书，然后睡觉。

每天早上和晚上的半小时，其实都是你自己可以控制的时间。你可以好好地把它利用起来，形成自己的习惯，这样就能不断地提高你的效率和精力水平。

期待你创建自己的精力管理行动清单，做一个目标明确、乐观自信、精力充沛的职场精英。

另外，我再提醒两点。

第一，就像我们可以在健身房里练出肌肉一样，我们也可以通过恰当的训练不断地提升精力水平。只要你掌握了正确的方法，并坚持下去，你就能从业余选手变成职业选手。

第二，习惯不是在一两天内养成的，你可以从自己最舒服的地方开始。比如我们可以从晨间7件事，或者在午饭时少吃一些米饭，多吃一些蔬菜这些简单易做的事开始，一步一步地提升精力水平。只要你坚持下去，就能见到效果。

最后，让我们从现在就开始，一起通过精力管理，提高自己的精力水平，创造幸福的生活吧！

第1章

1. 陈伟伟，高润霖，刘力生，等.中国心血管病报告2017[R].2018.

2. Trichopoulos D, Zavitsanos X, Katsouyanni K, et al. Psychological stress and fatal heart attack: the Athens (1981) earthquake natural experiment[J]. *The Lancet*, 1983, 321(8322): 441-444.

3. Mittleman M A, Maclure M, Sherwood J B, et al. Triggering of acute myocardial infarction onset by episodes of anger[J]. *Circulation*, 1995, 92(7): 1720-1725.

4. 心理学家米哈里·契克森米哈顿将心流定义为一种将个人精神力完全投注在某种活动上的感觉；心流产生时，同时会给人带来高度的兴奋及充实感。米哈里认为，使心流发生的活动包括我们倾向于从事的活动，以及我们会专注一致的活动。

5. 改编自知乎用户"清越"关于"何为冥想？如何冥想？"这一问题的回答。

6. Theorell-Haglöw J, Lindberg E, Janson C. What are the important risk factors for daytime sleepiness and fatigue in women?[J]. *Sleep*, 2006,

29(6): 751-757.

7. 改编自腾讯网企鹅号"冰雪运动那些事"发布的文章：东道主列金牌榜榜首仅4次，加拿大温哥华冬奥会为何能登顶。此文改编自杨占武的文章——《加拿大温哥华冬奥会金牌榜登顶之道》。

8. 《哈佛商业评论》（*Harvard Business Review*，HBR）创刊于1922年，是哈佛商学院的标志性杂志。

第2章

1. (1) Endres M et al. Mechanisms of stroke protection by physical activity[J]. *Annals of Neurology*, 2003.

(2) ChulhoShin. Clinical Brain SPECT Changes in Accordance to Physical Activity of Seniors Woman[J]. *International Journal of Human Movement Science*, 2018.

(3) Maffei, L et al. Randomized trial on the effects of a combined physical/ cognitive training in aged MCI subjects: the Train the Brain study[R]. Scientific Reports, 2017.

(4) Ainslie, P. N. et al. On the regulation of the blood supply to the brain: old age concepts and new age ideas[J]. *Journal of Applied Physiology*, 2010, 108(6):1447-1449.

(5) Vogiatzis, Ioannis et al. Frontal cerebral cortex blood flow, oxygen delivery and oxygenation during normoxic and hypoxic exercise in athletes[J]. *Journal of Physiology-London*, 2011, 589(16) :4027-4039.

(6) Fisher, James P.et al. Cerebral perfusion, oxygenation and metabolism during exercise in young and elderly individuals[J]. *Journal of Physiology-London*, 2013, 591(7):1859-1870.

(7) Ainslie, Philip N. et al. Your ageing brain: the lows and highs of cerebral metabolism[J]. *Journal of Physiology-London*, 2013, 591(7): 1591-1592.

2. (1) Balch, WR et al. Dimensions of mood in mood-dependent memory[J]. *Journal of Experimental Psychology-Learning Memory and Cognition*, 1999, 25(70-83).

(2) Greene, CM et al. Interplay between Affect and Arousal in Recognition Memory[J]. *Plos One*, 2010.

(3) Knight, Justin B et al. The influence of mood on the process and content of encoding future intentions[J]. *Quarterly Journal of Experimental Psychology*, 2015, 68(6):1082-1100.

(4) Baeuml, Karl-Heinz et al. Positive moods can eliminate intentional forgetting[J]. *Psychonomic Bulletin & Review*, 2009, 16(1):93-98.

(5) BOWER, GH. Mood and Memory[J]. *American Psychologist*, 1981,36(2): 129-148.

(6) Forgas JP. Mood and Judgement-The Affect Infusion Model(AIM) [J]. *Psychological Bulletin*, 1995, 117(1):39-66.

第3章

1. (1) Erickson K I, Voss M W, Prakash R S, et al. Exercise training increases size of hippocampus and improves memory[J]. *Proceedings of the National Academy of Sciences*, 2011, 108(7): 3017-3022.

(2) Cotman C W, Berchtold N C. Exercise: a behavioral intervention to enhance brain health and plasticity[J]. *Trends in neurosciences*, 2002, 25(6): 295-301.

(3) Cassilhas R C, Viana V A R, Grassmann V, et al. The impact of resistance exercise on the cognitive function of the elderly[J]. *Medicine &*

Science in Sports & Exercise, 2007, 39(8): 1401-1407.

2. 丹尼尔·利伯曼.人体的故事：进化、健康与疾病[M].蔡晓峰，译.杭州：浙江人民出版社，2017.

3. 改编自腾讯网企鹅号"悦读斋主"发布的文章：《人体的故事》：道出了"三高"的真正秘密。

4. 八段锦是由古人创编的，由八节不同动作组成的一套独立而完整的保健运动操。八段锦简单易行，动作如锦缎般优美、舒展。传统医学认为，八段锦能强身健体，是一种较好的体育运动。

5. (1) Mancilla R, Torres P, Álvarez C, et al. High intensity interval training improves glycemic control and aerobic capacity in glucose intolerant patients[J]. *Revista medica de Chile*, 2014, 142(1): 34-39.

   (2) Gillen J B, Little J P, Punthakee Z, et al. Acute high‐intensity interval exercise reduces the postprandial glucose response and prevalence of hyperglycaemia in patients with type 2 diabetes[J]. *Diabetes, Obesity and Metabolism*, 2012, 14(6): 575-577.

   (3) Little J P, Jung M E, Wright A E, et al. Effects of high-intensity interval exercise versus continuous moderate-intensity exercise on postprandial glycemic control assessed by continuous glucose monitoring in obese adults[J]. *Applied Physiology, Nutrition, and Metabolism*, 2014, 39(7): 835-841.

   (4) Kong Z, Sun S, Liu M, et al. Short-term high-intensity interval training on body composition and blood glucose in overweight and obese young women[J]. *Journal of diabetes research*, 2016, 2016.

第4章

1. Toh K L. Basic science review on circadian rhythm biology and circadian sleep disorders[J]. *Ann Acad Med Singapore*, 2008, 37(8): 662-668.

2. (1) Smith A. Effects of caffeine on human behavior[J]. *Food and chemical toxicology*, 2002, 40(9): 1243-1255.

(2) Lorist M M, Snel J, Kok A, et al. Influence of caffeine on selective attention in well‐rested and fatigued subjects[J]. *Psychophysiology*, 1994, 31(6): 525-534.

第6章

1. Stamler J, Wentworth D, Neaton JD. Is relationship between serum cholesterol and risk of premature death from coronary heart disease continuous and graded? Findings in 356,222 primary screenees of the Multiple Risk Factor Intervention Trial (MRFIT) [J]. *JAMA*，1986，256:2823–2828.

2. Whitlock G, Lewington S, Sherliker P, et al. Body-mass index and cause-specific mortality in 900 000 adults: collaborative analyses of 57 prospective studies[J]. *Lancet (London, England)*，2009，373(9669):1083-1096.

3. Helmrich SP, Ragland DR, Leung RW, et al. Physical activity and reduced occurrence of non-insulin-dependent diabetes mellitus[J]. *New England Journal of Medicine*, 1991，325(3):147-152.

4. Jagust W, Harvey D, Mungas D, et al. Central obesity and the aging brain[J]. *Arch Neurol*，2005，62(10):1545-1548.

5. Mueller K, Sacher J, Arelin K, et al. Overweight and obesity are associated with neuronal injury in the human cerebellum and hippocampus in young adults: a combined MRI, serum marker and gene expression study[J]. *Translational Psychiatry,* 2012.

第7章

1. 芭芭拉·弗雷德里克森.积极情绪的力量[M].王珺，译.北京：中国人民大学出版社，2010.

第8章

1. 倒U形曲线起源于20世纪的心理学词汇。在叶克斯（Yerkes）博士和多德森（Dodson）博士于1908年提出的叶克斯-多德森定律（Yerkes-Dodson law）中，倒U形曲线被用来阐释一系列的实验结果。
2. 露西·乔·帕拉迪诺.注意力曲线：打败分心与焦虑[M].苗娜，译.北京：中国人民大学出版社，2016.
3. 米哈里·契克森米哈赖.心流：最优体验心理学[M].张定绮，译.北京：中信出版集团，2017.
4. 芭芭拉·明托.金字塔原理[M].王德忠，译.北京：民主与建设出版社，2002.

第9章

1. 维克多·弗兰克尔.活出生命的意义[M].吕娜，译.北京：华夏出版社，2010.
2. 《孟子》被南宋朱熹列入"四书"。该书在战国中期由孟子及其弟子万章、公孙丑等著。最早记载该书的资料可能是赵岐的《孟子题辞》："此书，孟子之所作也，故总谓之《孟子》"。《孟子》一书记载有孟子及其弟子的政治、教育、哲学、伦理等思想观点和政治活动。

致　谢

我在创业时，发现每一个有价值的产品或项目，几乎都是团队协作的结果。这一本书也不例外！虽然本书作者是我，但实际的情况是，没有以下这些人，这本书根本无法完成。

我在此对他们表示深深的感谢！

感谢"得到"团队，感谢你们帮我整理、打磨第一版"精力管理"课程的内容。你们对内容的精益求精、对用户的全心全意让我深受触动。

感谢这本书的项目经理曹植渊女士。感谢你的认真负责以及杰出的项目管理和解决问题的能力。感谢曹植渊团队的伍晨曦、陈姝凡两位编辑，让这本书能够如期交付。

感谢杏树林私人医生团队对书稿内容专业性的把关，他们是杏树林私人医生的医疗总监朱祖懿博士、北京体育大学运动康复中心的谢思源老师、北大六院临床心理中心的石扩。感谢几位参与文献研究的博士，他们是来自协和医学院的赵志洪博士、朱杰博士、陈芳菲博士、梁思宇博士、张梦会博士、宋曼博士和汪佳儒博士。

感谢人民邮电出版社的编辑、设计和发行团队。感谢你们对这本书的信任！

感谢我的太太刘辰辉博士，感谢你是这么好的伴侣和教练。感谢我的女儿张知行，你让我每天享受最真实的快乐，让我提醒自己要"知行合一"。感谢我的父母和岳母，感谢你们对我无条件的爱。

最后感谢买这本书的读者和"得到"课程的订阅者。你们对精力管理的认可以及还在面临的问题，是我进一步前行的动力。